本书为忻州师范学院校级青年基金项目"五台山南山寺石本
（课题编号：QN201509）成果之一

石雕图案艺术研究

五台山南山寺建筑装饰

许春丽　著

中国海洋大学出版社

·青岛·

图书在版编目（ＣＩＰ）数据

　　五台山南山寺建筑装饰石雕图案艺术研究/许春丽
著 . -- 青岛 : 中国海洋大学出版社 , 2018.8
　　ISBN 978-7-5670-1858-7

　　Ⅰ.①五… Ⅱ.①许… Ⅲ.①五台山－寺庙－建筑装
饰－石雕－图案－研究 Ⅳ.① K879.34

　　中国版本图书馆 CIP 数据核字 (2018) 第 138768 号

五台山南山寺建筑装饰石雕图案艺术研究

出 版 人	杨立敏		
出版发行	中国海洋大学出版社有限公司		
社　　址	青岛市香港东路 23 号	邮政编码	266071
网　　址	http://www.ouc-press.com		
责任编辑	张跃飞	电　　话	0532-85901984
电子邮箱	flyleap@126.com		
图片统筹	河北优盛文化传播有限公司		
装帧设计	河北优盛文化传播有限公司		
印　　制	定州启航印刷有限公司		
版　　次	2019 年 4 月第 1 版		
印　　次	2019 年 4 月第 1 次印刷		
成品尺寸	170mm×240mm	印　　张	10.75
字　　数	206 千	印　　数	1-1000
书　　号	ISBN 978-7-5670-1858-7	定　　价	39.00 元
订购电话	0532-82032573（传真） 18133833353		

发现印刷质量问题，请致电 18133833353 进行调换。

前　言

　　世界上不同的宗教建筑因其信仰的差异性，其建筑风格及装饰特点亦有所不同，但进入中国的各类宗教建筑，具有明显"中国化"特征。建筑家刘敦桢先生曾说："我国古代宗教虽以释、道并著，然道教在历史上素以式微不振见称，其与我国文化发生密切关系者，当推佛教之为最。"在中国建筑文化中，寺庙建筑众多，区域广泛。五台山以深厚的文化底蕴、独特的自然环境及国家统治的需要，佛教发展兴盛，且宗教活动频繁。在清代，五台山成为全国唯一的青庙、黄庙两类寺院共存的集中地，形成风格迥异的建筑风格、色彩及表现手法的建筑。不同历史时期的寺庙建筑装饰艺术直接记录和反映了一个时代的文化内涵和审美需求，因此选取特定时期的寺庙建筑装饰进行个案研究，具有一定理论内涵意义和实践应用价值。

　　寺庙建筑装饰艺术既是佛教文化与建筑结合的产物，又是宗教环境营造、引导僧众宗教之情的重要手段，借助建筑上雕刻、彩绘、色彩来表达宗教的理念，为参观者、僧众提供精神领域的活动空间。始建于1295年的南山寺，是五台山十大青庙之一。它随着佛教发展而兴盛，佛教的没落而荒废，在几度修建、修葺、改建中，形成今天寺庙的规模。寺庙建筑装饰与自然环境巧妙融合，富有生命力，为观者留下了可以仰视和回望的石雕图像。工匠赋予石头以灵动的生命，展现了由供养人、工匠、佛教信徒群体所共同制造的物质与理念世界，参观者亦可从中体味古代佛教建筑装饰艺术的独特魅力。

　　寺庙建筑装饰艺术的研究有诸多层面需要关注，不仅仅是对表面的装饰纹饰的研究，还需挖掘隐藏纹饰背后更深层的文化内涵。笔者以南山寺建筑装饰石雕图案为切入点，在分析石雕图案的题材、构成、表现特征及典型图案造型特点的基础之上，进一步深入解读、总结图案艺术特征及成因，最后综合探究石雕图案的美韵、审美思想及文化内涵，力求多维度展现南山寺建筑装饰石雕图案的艺术魅力和文化价值。

　　总体来说，本书拟通过南山寺建筑装饰石雕图案的系统研究，希望可以丰富我国清末民初五台山佛教建筑装饰研究，引出更多关于研究南山寺建筑装饰艺术的思考和讨论，同时期望其为南山寺非物质文化遗产的保护和适度开发提供理论参考。

目　录

绪　言

第一节　选题背景与研究对象

一、选题背景

笔者选取"五台山南山寺建筑装饰石雕图案艺术"作为课题展开研究，主要具有从以下的价值和诉求。

（一）学术研究价值

五台山南山寺历史较悠久，保存相对完整，是五台山文化遗产的重要组成部分。其整体建筑群依托山势而修建，自上而下由佑国寺、善德堂、极乐寺3组建筑组成。18处院落、7层大殿，因山就势，十分雄伟壮观、气势恢宏。寺内佛教造像、建筑石雕刀工细致，造型优美、工艺精良，具有较高的艺术和学术价值。石雕艺术是南山寺寺庙装饰的重要形式之一，其多样的造型和丰富的图形，经过工匠的精雕巧做，达到了艺术与技术的高度统一。南山寺作为民国时期佛教建筑石雕艺术保存比较完整的寺庙之一，一方面它为学者研究佛教建筑装饰提供丰富的直接资料，另一方面研究者也可将其作为中国传统建筑装饰石雕艺术造物理念的典型案例来进行研究。因此，无论从石雕的数量，还是从石雕艺术价值来看，都值得学者对此展开深入的研究。

在南山寺建筑装饰艺术中的木雕、砖雕、彩绘以及壁画等装饰技法应用比较广泛，其中石雕艺术保存较好。从现存的文献资料来看，南山寺历史在时间分布上从元代一直到民国中期；从现场考察的南山寺建筑装饰石雕形象来看，石雕形成的时间主要是清末民国中期；在石雕装饰图案的分布空间上，几乎在南山寺主要建筑构件都有相关工艺和图像；在造型上，吸收不同时期石雕的风格，在特定的宗教场所中形成自身独特的艺术特征。可以说南山寺建筑装饰石雕是五台山建筑装饰石雕艺术应用与建筑完美结合的典型代表。而从笔者目前检索到的相关论文和专著来看，对南山寺建筑及其装饰艺术开展较深入理论研究并发表的相关理论学术文献较少，只是散落于对五台山建筑艺术研究的文章中。尤其是全面分析南山寺石雕历史和现状以及对南山寺石雕图形探索研究，缺乏足够关注和深层探讨。从已有文献来看，部分论文和专著中虽有所提及南山寺石雕艺术，但是基本处于表层描述和介绍为主，没有从学理角度进行系统的分梳理，对建筑装饰石雕图案开展多维度、深层次的剖析缺乏。综合以上因素，笔者选择"南山寺建筑装饰石雕图案艺术"作为课题研究对象。

（二）科研为地方文化服务的诉求

笔者选取南山寺建筑装饰石雕图案为研究对象进行考察，符合地方高校科研为地方文化服务的要求，同时也能够为五台山建筑装饰文化遗产发掘、保护提供理论参考。紧紧围绕地方文化，挖掘其艺术价值，积极对地方文化建设和旅游资源开发提供，具有参考意义地研究成果。党的十七大报告指出："加强中华优秀文化传统教育，运用现代科技手段开发利用民族文化丰厚资源。加强对各民族文化的挖掘和保护，重视文物和非物质文化遗产保护，做好文化典籍整理工作。"党的十九大报告指出："满足人民过上美好生活的新期待，必须提供丰富的精神食粮。"因此，积极进行南山寺建筑装饰石雕图案形象的采集、分类和整理，丰富群众的审美文化。因此，积极开展相关理论研究是对南山寺艺术魅力、装饰文化特色的展示，为五台山文化图像遗产保护和适度开发工作服务提供有参考价值的理论研究成果。

二、研究对象

笔者对研究对象进行研究的前提是对其理论价值、实践应用、文化价值分析。南山寺建筑装饰石雕图案艺术受到宗教文化、传统吉祥文化和特定时代文化环境三方面因素的影响。笔者从民间造物艺术角度对本课题研究对象展开考察与研究。由于两方面的原因，笔者将选择从民间造物角度进行研究。第一，由于南山寺石雕的创造主体的因素。由于雕饰工匠主要来自山西五台周围、河北曲阳的民间匠师，因此在石雕创作的过程中必然会受到民间审美观念、民间造物理念的影响。第二，在中国佛教逐渐世俗化的发展过程中，明清之后的宗教美术借鉴民间美术图像装饰寺院建筑元素，因此佛教建筑装饰出现世俗性和多元化的趋势。20 世纪 80 年代，张道一先生提出"造物艺术"的定义。其定义界定的重要性是："它把神秘的东方哲理从深奥的典籍引向现代通俗的理论；用'造物'构筑了比设计更完整的中国式概念；以'造物艺术'联结了人类需求的实用与审美两端，并充分显示造物的人类性……"[1]站在民间造物艺术的理论视角上分析南山寺建筑装饰石雕图案，首先是用"造物"概念来梳理南山寺石雕的属性，研究图案的构成性、纹样表现性，为研究者勾勒研究对象的基本艺术特征；其次是对创作主体与服务对象的研究。"造物艺术论"关注人的本质力量显现和人的创造力的发挥，从而使造物艺术从偏重实践技巧的层次上升到人文学科的层次。"[2]五台山南山寺建筑石雕图案艺术是五台山建筑装饰石雕的代表，对其深入研究和挖掘，无疑对我们继承古代优秀工艺传统有着积极地意义。

第二节　研究现状、研究内容及研究方法

一、研究现状

国内学术界对石雕艺术研究的文献较多，根据石雕的研究内容和研究角度来梳理石雕艺术史论、石雕艺术个案、宗教建筑与石雕、石雕装饰与装修四个方面进行分析。

（一）石雕艺术史论类的研究

梁思成先生《中国雕塑史》一书的内容是在编著者当年实地考察编成的讲课提纲的基础之上，增加考察对象图片形成，是国内较早的古代雕塑艺术史论文献。书中主要研究古代雕塑艺术的时代特征和审美价值。由王子云先生编著的《中国雕塑艺术史》，从中国原始社会到封建社会的晚期的石雕艺术进行分析，重点对不同时期的石窟、塑像、建筑装饰和陵墓装饰内容进行介绍。孙振华编著的《中国古代雕塑史》从社会功能的角度，将中国古代雕塑（从先秦雕塑开始）分为六类进行研究。陈明达的《陈明达古建筑与雕塑史论》是作者多年研究对象的形成的理论成果，从建筑史论和雕塑史论两方面进行集中研究。这些著作研究切入点不同，课题的研究框架和研究方法两方面基本相同。

（二）石雕艺术个案研究

第一是整体性研究。张道一、唐家路编著的《中国古代建筑石雕》，叙述古代建筑石雕的发展历史、工艺、风格、技术等各方面相关的基本知识，根据石雕及其图案装饰位置，对不同石雕构件上的装饰内容逐类地分析，同时搜集整理大量典型案例图片，展示不同地区的建筑石雕及装饰艺术的不同风格。楼庆西编著的《砖石

艺术》，从砖石艺术的产生、装饰内容及表现手法进行综合分析，结合建筑构件展开研究，展现中国传统装饰艺术魅力。第二是针对特定建筑构件开展研究。金其桢的《中国牌坊》从中国牌坊的起源、价值、造型托多角度对进行整体论述与研究。此外，鲍玮的《古建筑柱础考略》对建筑石雕柱础的发展演变、功能和形制进行分析，同时解读其形式背后蕴含的社会文化与民俗文化。尤广熙的《中国石狮造型艺术》，梳理中国石狮形象的产生背景，对建筑中不同功能的石狮形象以及不同石狮的造型、装饰、细节表现等进行分析，为读者提供直观信息。第三是对区域石雕案例开展的研究。田顺新的《菊花石雕：国家级非物质文化遗产》研究是在调研菊花石雕史实的基础上，对研究对象存在的环境、发展历史、传承及发展进行全面系统的研究。杨文会、张彦辉、樊中红编著的《曲阳石雕艺术及历史文化研究》，以曲阳石雕的发展历史为维度，从文化学角度对曲阳石雕进行综合阐述，并对其传承方式进行梳理。第四是石雕与建筑相关性的研究。白丽娟编写的《石雕与建筑》，其研究是以实地调研资料为依据，按雕刻材料、石雕类型、雕刻部位等分类，全面展示了紫禁城内形形色色的石雕，以及石雕与建筑的关系。徐邠的《扬州传统建筑装饰艺术研究》，从门、窗、栏杆、砖雕、石雕等角度对扬州传统建筑装饰艺术进行研究。李绪洪《新说潮汕建筑石雕艺术》，通过实地考察获取一手资料的基础上，从艺术、文化、建筑三个角度分析潮汕建筑石雕艺术，总结其艺术特征。

（三）宗教建筑与石雕研究

从笔者搜集到的文献资料来看，关于宗教文化与建筑装饰艺术相互关联和影响的理论目前尚缺乏深入专项研究。1944 年，梁思诚先生在《中国建筑史》中将宗教建筑作为一个重要内容进行比较深入的研究。1989 年，由王振复编著并出版的《中国古代文化中的建筑美》，研究者从文化和美学两个角度来审视中国建筑，对宗教建筑则用"儒学规范""道家情思""佛性意味"为关键词进行深入诠释。除此之外，还有研究者对建筑装饰、建筑文化研究等。左立光的《伊斯兰建筑装饰艺术》主要按照地理区域上对南疆、北疆和东疆的伊斯兰建筑装饰艺术进行分析和研究。吴庆洲、程里尧编的《藏传佛塔与寺庙建筑装饰》中，作者从藏传佛塔的起源、演变、曼荼罗种类、佛教建筑寺庙的细部、装饰等内容做深入浅出的分析，颇具有学术性。

（四）石雕装饰与装修

楼庆西编写的《中国建筑艺术全集第 24 卷：建筑装饰与装修》，详细分析了中国古代建筑装饰的起源、特征、内容、表现手法，并结合 240 个中国古代建筑的典型装饰实例进行详尽分析，展示了中国古代建筑装修与装饰艺术的鲜明特点和杰出成就。这类型文献从理论性上来看稍显薄弱，但其对于石雕的图像资料分类的方法对研究者具有一定的启示价值。

（五）五台山建筑及装饰图案艺术研究现状

徐彦《中国佛教传统建筑景观的吉祥纹样研究——以山西五台山显通寺为例》中，重点分析了五台山显通寺吉祥纹样的构成方法和造型特点。张昕、陈捷山的《传统石作雕饰图案与构图研究》，按类型对五台山雕饰图案进行归纳、分析与总结，对其构图规律进行创造性的理论阐释。郑志忠的《浅谈五台山石雕艺术》，对五台山的南山寺、龙泉寺、普化寺的石雕风格及内容进行梳理。海燕的《佑国寺石雕一瞥》，介绍作为南山寺组成部分之一的佑国寺中，具有代表性石雕的人文、历史背景和神话故事，向人们展示了具有"现代石雕艺术宝库"美誉的佑国寺石雕。殷伟的《福——中国传统的福文化》，对佑国寺望峰台的福禄寿三星形象造型进行简要论述。郝晓丽编写的《南山寺》，对南山寺建筑、塑像及装饰纹样、壁画等内容做简要的文字描述。白文明的《中国古建筑艺术》（第四册），只展示南山寺"灵山地"券门上的石雕图像，并没有相应的文字分析。其《中国古建筑美术博览》中，对南山寺石栏杆造型和雕饰的典型形象进行分析。胡受奚、胡石青编著的《中国历代石刻艺术》，罗列了龙泉寺、南山寺、普华寺、镇海寺、显通寺、塔院寺、殊像寺、五爷庙、菩萨顶中具有典型代表的石雕建筑及装饰的图片。温庆武、周秀梅编著的《艺术采风——中国传统设计艺术考察》，对南山寺的抱鼓石做简要分析。关于建筑的成果如下：胡银玉编著的《古建筑营造作法》、袁镜身编著的《建筑美学的特色与未来》，对南山寺的格局进行分析并归类。韩振书编写的《曲阳问匠》，对南山寺的石雕匠人的身份及南山寺石雕纹样典型形象的特征做出综合分析。张昕、沈伟、赵复雄等编著的《中国美术史》、张家骥的《简明中国建筑论》中对南山寺山门造型做简要分析。周祝英在其论文《五台山牌楼文化》《五台山佛寺影壁艺术初探》中，对五台山牌楼、影壁的形式、材质和内容进行分析，其他多为宗教、旅游、宣传类文章。总的来说，以上这些研究成果中，只有显通寺、佑国寺、龙泉寺的建筑以及装饰艺术的研究最为集中，针对五台山石雕艺术的整体研究成果不丰。因此，南山寺建筑石雕艺术作为个案研究的对象具有极大的研究空间。

二、研究内容

（1）本书主要研究五台山南山寺建筑装饰石雕艺术的分布及遗存情况、石雕图案的分布位置、布局特点、石雕图案的内容及构图、图案与构件表面的适应性特征、艺术特征的影响因素。

（2）归纳总结南山寺建筑装饰石雕图案的艺术特征、图案美韵、文化内涵及审美思想。

三、研究基本思路

（一）研究目的与阶段

课题的研究目的是在确定研究对象之后，明确研究问题，构建理论研究模型，设计论证路径，最后得出结论，达到假设的结果和意义。笔者基于对研究对象考察的基础上，采用图像学、艺术学等方法，将五台山南山寺的建筑装饰石雕图案作为"民间造物"开展个案研究。在田野调查获取第一手资料的基础上，从多角度对其基本特征予以剖析。南山寺建筑装饰石雕图案艺术研究通过实地调研和文献阅读的情况下，对资料进行对比分析和归纳逻辑分析，总结南山寺建筑石雕装饰图案的规律、审美特征以及影响因素，结合典型案例对其图案的构图、造型及工艺进行系统分析，总结文化内涵。同时，对装饰构件的结构、装饰语言、工艺等进行审美分析，概括建筑装饰石雕图案特色，使之成为五台山石雕艺术研究的有益补缺，力图丰富中国佛教建筑装饰艺术的研究。然后，与当代设计相联系，实现非遗图案形象在当代社会生活中的"活态"传承，提升其理论与实践价值。

课题的研究分为三个阶段：第一阶段，对现存南山寺建筑装饰石雕图案进行系统图像采集和现场记录，形成相对完整的图像资料库；第二阶段，运用分类、分析、综合、比较的研究手段，按照构成、表现研究角度等归纳南山寺建筑装饰石雕艺术的艺术特征和美韵；第三阶段，在综合探究南山寺建筑装饰石雕艺术特色的基础上，研究石雕图案的美韵、装饰图案的文化内涵和审美思想，并提出后续研究空间。

（二）研究方法

（1）文献资料研究。主要从查阅理论文献和资料文献两方面。理论文献包括建筑装饰理论、图案学、造物理论、民俗学等。资料文献包括西藏宗教寺庙建筑装饰图案、敦煌建筑装饰图案、其他寺庙建筑装饰图案，以及建筑史学、艺术史学与考古学的方法和成果。通过查阅国内外相关文献资料，理清前人的研究思路和成果，在此基础上，构建本文的理论框架。

（2）实地调查法。进行大量的、实地田野考察，对寺庙的历史、所处区域的环境、建筑装饰纹样题材、内容、造型方法等方面进行细致的考察取证，收集好第一手资料。

（3）跨学科研究法。运用造型学、符号学、设计学、民俗学、人类学等相关知识来撰写、编著。

（4）专题访谈法。走访寺庙主持、僧人以及参观者，以笔记形式做好对南山寺故事、传说、参观印象等特定调研内容。

（5）系统论证法。综合的论证分析五台山南山寺石雕图形纹样的影响因素，系统化地阐述各因素及其相互关系及应用。

研究方法具体应用如下表0-1所示。

表0-1　研究方法具体应用

研究阶段	研究方法	技术手段	研究的对应内容
确立研究问题与资料采集	实地考察法	现场观察法	自然环境、建筑风格、建筑雕饰的分布、留存现状
		访谈法	专家学者、寺院主持、寺院僧众、游人
		实物测量	分类测量具有代表性的雕饰作品尺寸
		图像采集	分石雕应用的不同部位进行雕饰形象的布局、图案形象的采集，并现场绘制部分石雕图案线形图
		现场记录	对考察对象进行要点标记
		资料整理	建立资料库
	文献调查法	文献检索	关于南山寺石雕艺术研究的相关的专著和论文资料、石雕艺术文献、建筑装饰艺术文献、五台山志、研究方法论
资料分析策略	分类法	类型划分	按建筑构件分类、图案题材分类、图案组成方式分类、表现手法分类
		综合概括	由各题材、表现分析综合概括艺术特色
	系统分析法	整体分析	从南山寺建筑装饰的石雕艺术入手
		局部分析	重点分析南山寺建筑装饰典型石雕图案的造型、构成与表现
	比较法	同类型比较	重点对不同建筑装饰空间的同类型石雕图案形象进行比较分析
阐释与归纳策略	诠释学	文本理解	借助佛学、艺术学、设计学、民俗学的理论，对南山寺建筑装饰石雕图案进行多维度研究
	归纳法	归纳推理	总结南山寺石雕艺术特征及影响因素

第三节 研究对象资料的获取与梳理

英国人类学家弗雷泽在《金枝精要》中说："第一手材料的准确性、可信性与详尽度是后期研究叠合性、拓展性理论阐释的基础，也是窗口"。笔者对研究对象从多角度进行资料搜集和整理，最大限度地提供关于研究对象容易被忽略的有效信息。本课题的研究对象的文献与图像资料是在"实证"思路和多种调查方法的指导下，通过文献调查＋田野作业的方法完成史文献资料和现场资料（观察资料、访谈资料和图像及数据资料）数据收集。

一、历史文献资料

"普遍的历史联结是个综合的整体，单一的个体是其部分。"[3] 因此，对研究对象的历史材料的分梳，应把研究对象置于"普遍联结的历史表征"的背景。本课题从南山寺可考的碑记和山志中简要勾画出南山寺历史背景。

李自蹊在光绪九年（1883）撰写的《南山寺碑文》中这样记录："南山寺建在梁代之间，唐、宋、元、明累代补葺重修。元时，大承天护圣寺住持、崇禄大夫、司徒广公真慧国师重创建焉。"[4] 从碑文来看，北朝魏齐时期是五台山佛教发展的第一个时期。但是，当时的梁朝的疆土并未到达五台山地区，因此据推测，要在五台山的案山建寺也可能是在魏齐时期。从目前唐宋遗留下来的资料中，并未见到它的名字。

《佛祖历代通载》中记载，"元世祖忽必烈向栋坛主云：'何处为最上福田？'回奏曰：'清凉。'帝云：'真佛境界，乃建五大寺为世福田。'"[5] 从对话中，可以看出元世祖（忽必烈）认为：五台山为"'真佛境界'、'最上福田'、可以修建寺院度化僧众，保护维持佛教，这样可以团结信众，维护大元王朝的统治。"世祖在位期间，下诏保护五台山文殊道场；造经一藏并敕送台山善住院；遣使持香幡祠五台兴国寺；之后又令五台山作佛事。但是对于刚刚建立的大元帝国耗费大量钱财来礼佛，遭到大臣的劝谏。当元成宗（忽必烈的孙子）登基成为皇帝之时，便遵照元世祖的未完成的夙愿，同时也为报答母亲（徽仁裕圣皇太后）的养育之恩，于是他颁发诏令在五台山修建庙宇。《凉国慧敏公神道碑》中记载："元贞元年（1295），建万圣佑国寺于五台，裕圣临幸赏白金万两。"由上面的文献可推断出，五台山万圣佑国寺始建于元贞元年（1295）。寺庙建成后，历代皇帝还有部分皇后、皇子到佑国寺参观礼佛、观礼灵迹，并大作佛事。因此，佑国寺在元代是皇家道场之一。

"五台山是文殊菩萨道场，宋元时代就有藏传佛教传入。到明代，宗喀巴的弟子释迦也失在五台山兴建了黄教寺庙，住上了藏传佛教僧人。从此，五台山就成了内地的一处汉藏佛教圣地。"[6]清代统治者为了政治需要，巩固政权，加强民族团结，多次到五台山参禅礼佛。其中，康熙皇帝5次，雍正皇帝1次，乾隆皇帝6次，嘉庆皇帝1次，总计13次。刘维藩在清光绪十八年（1838）撰写的《钦命五台山敕建万圣佑国南山极乐禅寺碑记》中记载：清乾隆年间（1736——1795），高宗"因感菩萨之显佑，国泰民和，遂即下诏佑国寺'敕禅寺重修'"。于是，在奎衷和尚的主持下，将佑国寺的殿堂楼阁、禅房戒坛进行全面修复，并对其佛菩萨、罗汉等塑像进行补塑彩绘，遂使年久失修的佑国寺回复昔日的风采。道光十年（1830），在玄化和尚的主持下，又对佑国寺进行补修治理，维护加固，使佑国寺回复昔日风采，呈现出一派欣欣向荣的发展景象。

清光绪三年至九年（1877—1883），由普济和尚主持重修极乐寺。普济弃官为僧，当他来到极乐寺后，立愿新修禅寺。根据《香火斋田碑记》中对当时极乐寺经济现状记录如下："访察其寺院，向有斋田在小车沟地方，原有九龙岗、明月池、沐浴堂、南山寺香火之地。雍正八年（1730），九龙岗僧典于菩萨顶。至乾隆十年（1745），九龙岗主持僧通运、通盛、心福等无力赎小车沟之业。公立舍约舍典，恒亲王用代沐浴堂。奎衷大和尚使叁佰捌拾两赎回拾贰股地，又与九龙岗还债银肆拾柒两。乾隆十三年（1748），奎衷大和尚复用银伍佰贰拾柒两，将小车沟田地房屋全行赎回，议定为南山寺极乐寺万年香火。奎大和尚圆寂，遂葬安其所。余地二十余亩，讵料变出意外，复为明月池僧昌莅未通众知，典于塔院寺，并将奎大和尚之墓，余地亦皆属于他人……丙申（1896）十年（月），余奉命赴菩萨顶勘验火灾毕，便道至其寺降香，普济和尚复言前事，余嘉其存心朴诚，允为极力襄助，当请其广为募化，共成善举。阅丁酉（1897）冬，共募化集，余拨赎价银任陆佰伍拾两，外息银两壹百零伍两……"[7]从碑文记录的经济情况来看，普济和尚主持极乐寺时，其寺庙经济的来源主要是募化。普济和尚去世后，在东北善人姜福忱主持下继续修建南山寺，并将原来的极乐寺、善德堂和佑国寺联为一体，称为南山寺。这次修建历经23年，但仍未竣工。由于七七事变，南山寺修建工程被迫结束。即使未能全部修建完工，仍形成我们今天看到的上下7层大殿、18处院落的寺庙规模。

二、一手资料

观察材料的取得主要是通过对现存的建筑装饰石雕的位置、内容、尺寸等进行观察与记录，从学术研究的角度来看，研究者对寺庙自然环境、建筑特色、石雕图案所处环境的全面、完整、详细地拍摄与记录，建立具有信度和效度的田野调查。

（一）寺庙的环境

南山寺建在五台山台怀镇南面 3 千米的弓步山的山腰，海拔 1 700 米，悬于陡峭山坡，枕山面水，林木浩瀚，环境优雅。沿登山古道盘桓而上，幽静曲折，树密寺隐。整个寺院依山而建，共有七层，属梯田式格局。寺庙从低到高依次是下面的三层名为极乐寺，中间的一层是善德堂，上面的三层为佑国寺。站在佑国寺望峰台上凭栏远望，清水河谷的风光，中台、北台、南台的雄姿可尽收眼底，周围群山挺立，寺内建筑院中套院。三寺之间利用台阶进行连接，寺内石凳、石桌等形象组成寺庙内的园林景观小品，与庙宇内部庄严的殿堂形式、色彩形成鲜明对比。

南山寺依山而建，居高临下，寺院由三部分组成，分别为下三层的极乐寺，中间一层的善德堂，上三层的佑国寺。"三寺均采用中国传统建筑中轴线对称的布局形式，轴线布设主体建筑，两侧布设附属建筑。附属建筑的布置方式则采用排叠、偏正、围合等建筑组合方式，形成寺中有寺、院中套院，既有寺院布局的宏敞，又有园林布局的幽深。"[8]寺院中现存的 18 座不同形态寺庙院落。营造之时，灵活利用寺庙地势优势，结合寺庙建设需要，形成不同大小院落。院落内依据主体建筑位置或横向或纵向配设的殿堂、僧舍，最终形成变化多样、曲折深邃的整体造型形态。南山寺寺庙平面示意图如下图 0-1 所示。

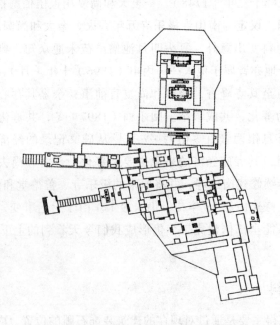

图 0-1　南山寺寺庙平面示意图（自绘）

南山寺深厚的佛教文化内涵是利用轴线上的建筑"层层递进"的空间营造法，利用建造位置、建筑体量、外观造型、艺术构建等装饰序列体现向心力和内聚力。如山门前积极借助山势特点，逐层修"大放光明"影壁、"信天由命"石牌坊、三摩地钟楼等建筑形象，连续不同形态、功能的建筑地排列，给人一种心理的威慑之感，完成了由寺外先"抑"，到寺内的层层引导的后"扬"的空间营造层次，给人一种别有洞天的内心感受，初步完成了南山寺向心力和内聚力的引导。

寺内空间采用偏正手段，可以最大限度利用空间修建场所。主体建筑布设在主轴线上，轴线两侧灵活布置其他建筑。这样的设置手法，既可以体现建筑的秩序性，又可以避免围合不同院落平面形态的单调性。同时，巧妙利用隐现手段建造的108级台阶、门洞、栏杆以及高台之间的有机连接，让观者在游览过程中具有趣味感和节奏感，使建筑空间表达出更多富有内涵性的内容。

（二）石雕留存现状

经过现场观察，南山寺石雕所用石材多为汉白玉，少数用到青石。汉白玉是大理石的一种，它是由方解石、石灰岩或白云岩受接触或区域变质作用而重结晶的产物，一般为白色，质地坚硬洁白，是上等的建筑材料。南山寺内的月台栏杆、重要殿堂的坎墙、须弥座基座、屋宇的墀头，大都用汉白玉或青白石雕刻。五台地区位置偏北，地势又高，在这种自然环境下，南山寺部分建筑装饰石雕图案出现了不同程度的苔侵草染、风化，再加上人为破坏状况，给石雕图案的采集、图像识别研究加大了难度，也让笔者意识到研究得紧迫性和重要性。

从石雕的分布来看，寺院中轴建筑之上的石雕分布最多且精致，其中佑国寺栏杆处雕饰石雕图案数量最多、题材内容最多，雕饰精美。此外，照壁、墀头、迎风处同样有大量石雕装饰于建筑上。

三、访谈资料

访谈法是定性研究中常用的一种方法，它一方面可以使研究者充分融于研究对象所处环境中开展研究，另一方面可以使研究者获得"接近民众的世界观、具体说法、价值取舍和对社会事件的现实合理性的解释和情感"[9]的机会。此课题研究中采用访谈方式的收集资料的方式有以下两种：第一，开放式的无结构逻辑的谈话，巧妙引导与关注被访问者自由发挥，从中发现有效信息和新的问题；第二，紧密围绕南山寺建筑装饰石雕为中心，预先设计问题，对调查者开展针对性访谈。这两种方法各有优势，在访谈过程中可以互为补充，以期获取相关研究对象的信息和细节。

笔者在对不同身份对象进行访谈过程中，访谈对象对有关南山寺历史的典故、传说兴趣关注较多，但是访谈对象对相关信息的表述集中在关于寺院主持普济和尚受到慈禧褒奖他建寺有功的"真如自在"牌匾。受访者讲述慈禧赠赐普济牌匾有两个版本,一个版本的大致意思如下。普济父母去世后,由屡建军功的守备出家到五台山后发心重修寺院,为化缘他的足迹遍布北京、天津以及东北等地,利用化缘款项先后修建18处寺院,功德卓著。慈禧召他入京接见,并亲书四字以示褒奖。另一版本的大致意思如下。普济到南山寺时,寺庙破败不堪,为帮助寺院老僧重修寺庙筹资的神奇故事,最终通过大喇嘛赠送的钱粮以及普济之后的多方化缘,终于将南山寺修缮完毕。这些传奇故事传达慈禧耳中,她便召普济进京觐见,并让普济49天不吃。49天后,慈禧见他安然无恙接着又让他连续7天吃饭,一天吃4顿饭,一顿饭6碗。这7天普济如同没有吃饭一样,并在软禁普济的屋顶上见到一圈一圈呈放射状的光芒。慈禧惊讶并欣喜写下"真如自在"四字,并赐半副銮驾等物品。从这两个版本的故事笔者可以看到,其与历史上对普济在出家前的身份有同通之处。其次是对寺庙修缮银两的来源有相同之处,即普济外出化缘,将化缘的银两用在寺庙修建中。

此外,被访问者问及五台山石雕艺术多把南山寺石雕作为典型代表作品。被访问者对寺中建筑装饰石雕艺术印象较深刻、赞叹不已,并对望峰台上最大的石雕作品记忆深刻。好多游客都这样说:"南山寺里景点不少,但最让人赏心悦目的当数其照壁和佑国寺的浮雕艺术。"

四、图像及数据资料采集

南山寺石雕图像资料的收集主是笔者实地考察,采用整体拍照、局部采集的方式收集建筑上现存的石雕图案。对栏板中风化、苔藓比较严重的图像,依照依稀可见的图案造型进行现场绘图。石雕图案的数据资料主要是对具有典型图案形象做出量化描述,即石雕作品在建筑中的位置、石雕图案数量、石雕图案及尺寸。

在确定研究对象、研究目的的基础之上,对南山寺建筑装饰石雕图案资料开展系统收集与梳理,由考察材料、装饰图案和测量尺寸共同构成的石雕资料库。就像凯·米尔顿在《环境决定论与文化理论:对环境话语中的人类学角色的探讨》中指出:"环境因素不仅决定文化特性,而且也对文化产生作用……"[10]明清时期的历史文化、寺庙装饰审美与民俗文化组成了石雕存在的"环境",因此,对与影响建筑石雕装饰"环境"的"描绘"将为"特征"的解释提供依据。在接受的访谈对象中,他们推崇南山寺的石雕装饰印象最为深刻。

南山寺建筑装饰石雕图案艺术与历史文化、民俗文化、时代文化及传统文化相融合,这种兼具艺术、信仰的作品所反映出丰富深厚的佛学思想精髓。基于以上诸多分析,笔者选取南山寺建筑石雕图案进行研究。

注释:

[1] 诸葛铠."造物艺术论"的学术价值[J].山东社会科学,2006(4):55.

[2] 诸葛铠."造物艺术论"的学术价值[J].山东社会科学,2006(4):58.

[3] 陈嘉明,曹志平,毕文胜等.科学解释与人文理解[M].上海人民出版社.2010:211.

[4][5] 肖雨.南山寺佛教史略[J].五台山研究,1997(12):8.

[6] 肖雨.南山寺佛教史略[J].五台山研究,1997(12):11.

[7] 他拉恩霖.五台山万圣佑国寺南山极乐寺香火田碑记[J].五台山研究,1997(4):41.

[8] 李海英,张映莹.五台山南山寺的组群方式及景观构成[J].文物世界,2011(3):47.

[9] 董晓萍.田野民俗志[M].北京:北京师范大学出版社,2003:495.

[10] 米尔顿.环境决定论与文化理论:对环境话语中的人类学角色的探讨[M].袁同凯,周建新,译.北京:民族出版社,2007:53.

第一章　五台山建筑装饰话南山寺

第一节　明清时期五台山佛教建筑装饰

　　"装饰"一词出现很早。在《后汉书·梁鸿传》中就有这样的记载："女（孟光）求作布衣、麻履，织作筐缉之具。及嫁，始以装饰入门。""装饰"一词在这里是指修饰、打扮。"装饰"的概念具有包容性强的特点，如蔡元培在《华工学校讲义》所说的："装饰者，最普通之美术也。其所取之材，曰石类，曰金类，曰陶土，此取矿物者也……"[1] 此处蔡元培所论述的装饰体现概念的宽泛，它与工艺美术、实用艺术或应用艺术同义，与社会文化环境息息相关，反映社会文化水平。

　　在中国传统的建筑理论中，对于具体到建筑上的"建筑装饰"的概念没有记载。宋《营造法式》记载了12类制作制度，其中"木作制度"中的"小木作"，即分为"内檐装饰"和"外檐装饰"的所有非结构性的木作，比较接近今天的"装修"概念。但是如果借用西方的模仿性装饰、附加性装饰及有机性装饰的概念来看，12类制度除"豪寨制度之外"，可以说其他制作制度都存在装饰的内容。建筑装饰是存在的，但是对于传统建筑装饰的理论却未上升到理论高度。这说明在中国传统价值观念上并没有将建筑列为艺术，而只是把它看成一件生活必需品。弗莱彻尔在《比较建筑史》中这样说道："西方人心目中的美术，只有绘画为中国人所承认，雕塑、建筑以及工艺品都被认为是一种匠人的工作。"无论是从宫廷建筑、寺庙建筑的美，还是民居建筑的美，都体现出建筑审美的旨趣在于追求自然的美，并非建筑自身的美，而只是将建筑当作一种生活上的需要。

　　本书将从装饰与建筑本体出发，以姜娓娓在《建筑装饰与社会文化环境：以二十一世纪以来的中国现代建筑装饰为例》中将建筑装饰分为本体性装饰和附加性装饰为基础，重点对南山寺建筑中附加性装饰进行研究。本体性装饰是指对建筑本体结构、构造进行修饰，与功能和材料有关的装饰。附加性装饰是指附加于建筑本体之外，为了增加美感并传情达意却没有实用的功能和装饰。当然，无论是前者还是后者，应对建筑本体具有不同程度的依附性，也就是说依附性是建筑装饰的基本属性，建筑装饰应在此范围之内。

"附加性装饰具有独立的审美因素，与建筑主体在一定程度上可以脱离，含有纯欣赏性的特点。"[2] 如浮雕脱离建筑之后，虽然意义改变，但依然具有独立的欣赏价值。附加性装饰的独立，更易受到社会文化的影响，也容易出现滥用。附加性装饰主要包括建造的装饰和附加的艺术两类。建造的装饰是指建造那些纯粹为了装饰目的而无任何结构作用的建筑构件，如清代建筑中无作用的斗拱。附加的艺术在建筑上的应用主要有纹样和文字两类。首先是纹样，它根据艺术特征可以分为以下几类：①程式化的装饰类型，如传统建筑上的彩绘艺术；②写实类的装饰类型，如建筑装饰中雕刻类写实纹样、高家崖砖石雕刻中的折枝类单独纹样；③图案化的装饰类型，如忍冬纹、莲花造型。楼庆西在研究中国传统建筑装饰后认为："比之西方而言，中国的装饰更为图案化、程式化、符号化，原因在于中国艺术讲究对'意境'的追求，表现在装饰上是各种形象安排的随意性和象征性。"[3] 其次是文字。作为直接表达意义的载体，文字在建筑上有悠久的历史。文字成为建筑中最常见的装饰，可以追溯到古罗马时期。当然，中国古代建筑中文字成为装饰更为多见，如石刻楹联、牌匾等。根据文字在建筑中所起的作用，可以分为两类：一类是传达诗意和文化的文字，如乔家大院照壁雕饰的"百寿纹"，既传达了对于传统"寿"文化的诠释，同时也传达出丰富而复杂的含义，使建筑的意境美更深沉；另一类是符号化和商业化的文字，如建筑外观上的广告形象等。

在我国古代的佛教建筑中，用来代表佛学的形象，主要有飞天图案、莲花图案、卷草图案以及祥云图案，使其具有特殊的宗教建筑意义。为了使佛教建筑体现佛学理念，主要采用多元化装饰内容和手法，使布道环境全面融合佛教理念，让信徒和参观者感受到佛教建筑特殊的文化内容。首先，佛教石窟装饰。以敦煌莫高窟和云冈石窟为例，这两处石窟装饰中融入各类事物，如佛台、背光等处雕刻异兽、飞鸟、花卉、珍宝以及瑞草纹样来体现佛家的贵族气派，将刻画细腻的神佛形象塑造为慈悲、庄重的世俗形象，凸显佛家思想的精髓——点化众生、普度大众。以上观念影响佛教石窟的装饰设计，使建筑装饰意味浓重，凸显图案特色和审美品质。通过装饰图像来展示和传播佛学内容，促进信众对其认识和领悟，进而践于行动。其次，中国寺院布教装饰形象中体现西方哲学的"努斯精神"，在中国佛教建筑装饰中具有了特殊的含义。第一，佛像的身光中塑造的飞天形象，是佛的自由和完美得象征。祥云则寓意和平与快乐，给佛教信众勾勒了一个美好的第三极乐世界。第二，佛教"净土"的象征符号的莲花形象在佛教建筑中运用广泛。莲花图案展示了神的圣洁和崇高，同时也是人世间的真、善、美的象征。第三，牡丹花在建筑装饰中的应用。由于牡丹具有高贵富丽的气质，其花的香气凸显佛的尊贵，预示佛教思想在人间传播成功。同时，牡丹花代表佛学中纯净、无我、绝尘等佛语。此外，佛教装饰中出现的其他花卉形象都有特殊的意义和思想，如石榴花象征功德圆满，宝相花象征德与善的吉祥佛语。

克罗伯和克拉克洪在其合著的《文化：概念和定义的批判考察》一书中对文化概念的表述为："文化代表了人类群体的显著成就，包括它们在人造器物中的体现；文化的核心部分是传统的（即历史的获致和选择）观念，尤其是它们所带有的价值……"佛教文化艺术主要包括美术、音乐和建筑等，用来表现信仰和宗教生活，成为文化整体系统中具有特殊价值的组成部分。中国佛教建筑是中国佛教文化与中国传统文化融合的结果，其建筑及装饰形成具有中国化风格及其装饰内容与手法的系统体系，折射出中国古代特定历史时期佛教文化兴衰历史。

明清时期建筑装饰艺术丰富多彩，盛况空前，可称为封建社会的高峰时期，使中国传统建筑走向一个绚丽斑斓、华彩多姿的自我表现时代。无论是从装饰构件造型、材料，还是从工艺技巧、艺术立意、色彩表现等方面，都有一定的创新，代表着一个时代的美学倾向。当然，它对建筑的发展也产生了积极的影响。从目前笔者对塔院寺、殊像寺、菩萨顶、南山寺、龙泉寺、普化寺、金阁寺七座五台山现存明清时期到民国中期具有典型代表性寺庙的考察结果来看，五台山明清建筑装饰艺术主要有以下方面：

一、建筑装饰手段丰富多样

明清时期国内仍然建造了许多寺院，如南京灵谷寺、报恩寺、山西太原崇善寺、五台山黛螺顶、南山寺、龙泉寺等。五台山是明清佛教建筑修建的重要集中地之一。在意识形态方面，明太祖朱元璋为了巩固对边陲的统治，辅助王化，崇佛敬僧，优礼五台山佛教，促进五台山佛教的发展。到了清代，统治者将宗教信仰作为加强对蒙古族和藏族的统治的工具，极力提倡藏传教。清前期皇帝顺治、康熙等曾先后13次巡幸五台山，将其作为参拜道场，发放敕建银两修缮寺庙，并将五台山上原有十座青庙改造为藏传寺庙，同时统治者给予佛教一定的重视。

五台山作为文殊菩萨的道场，由于其距离京城较近，历来受宫廷建筑影响较大。如明洪武时（1368—1398）修的显通寺、永乐时（1403—1424）扩建的塔院寺，正德时（1506—1521）重修的广宗寺、万历时（1573—1620）李太后出资重修的罗睺寺等，屋脊雕饰内容、木构彩绘、券口雕刻、格扇纹样等建筑装饰式样受到皇家宫殿不同程度的影响。康熙、乾隆两朝对五台山许多寺庙进行了大规模的修整，建筑风格更加富丽堂皇。如菩萨顶的建筑形制、手法及雕刻、装绘都为皇宫式样，金碧辉煌，极为华丽。这些敕建寺院除维持严整的格局，宏大的殿堂体量外，多增加许多雕饰。雕饰技艺中也有部分山西地方木雕、悬塑、铜瓦等工艺手法，工艺特色明显。五台山周围府县各类匠作师傅由于长期为核心区的佛寺营造服务，进而建立了体系完备、技艺精湛的匠作体系，能满足佛教造像与建筑装饰的特殊需求，孕育出极高的木作、石作、瓦作和砖作。总之，五台山受到历代统治者的高度重视，五台山匠作体系还与官式做法保持着千丝万缕的联系，呈现出明显的交流特征。

　　明清时期的五台山的建筑装饰手段主要包括彩绘、雕刻和油饰三种，装饰材料主要有琉璃、砖、木、砖、瓦、油漆、颜料、铜等，建筑装饰则表现出精巧、细腻的风格。建筑装饰受工艺美术的启发而产生的创意，图案从锦缎图案、吉祥纹样、山水小品中进行借鉴。

　　建筑彩画作为明清时期的五台山的建筑装饰手段之，它是"伴随着古代传统木构建筑的发展而产生的一种装饰及防朽手段，历数千年而不衰，成为中国建筑艺术中极富民族特色的表现形式"[4]。五台山汉传佛教和藏传佛教的寺院内现存彩画主要集中在清代。这些现存彩画的发展可划分为明末清初、清代前期、清代后期和清末民初四个阶段，与官式彩画影响的消长息息相关。明末至清代前期，官式彩画由于大量敕建活动而对风土彩画的规范和风土元素产生影响。随着清代后期国力的衰落，五台山佛寺的敕建工程急剧减少，风土彩画在原有基础上巩固发展，并局部引入了一些与宗教信仰无关的流行纹饰，显示出五台山风土彩画紧随时代发展的开放性特征。五台山风土彩画体现与官式彩画在属性上差异，即秩序分明而巧于变通。"在满足信仰的基础上，彩画呈现出充实完整、细致生动的特征。同时，民间对圆满、喜庆、丰收等含义的追求亦于此得到了充分的体现。"[5]其次，五台山风土彩画基于自身多样化发展的诉求及为符合民众对吉祥含义的表达，其彩画表现中呈现出特有的等级体系。"与清式彩画不同，五台山彩画体系中同苏式彩画相应的上五类升为高等级，同旋子彩画相应的下五彩类反而降至低等级。"[6]一般清式彩画通常表现出内、外檐及廊内的统一，但五台山彩画则具有自身的俭省处理办法，即画匠对面向观者的方位及接近视线的构件进行刻意强调，从而形成了基于观者关注程度的彩画布局。这种等级外高内低、下高上低、前高后低的晋系风土彩画处理办法，是与官式彩画的重要区别。

三雕艺术在建筑装饰中应用广泛，其中石雕装饰特色比较典型。石雕在建筑装饰中历史最久，它是中华文明的一部分，也是世界艺术之林的组成分子。在中国广袤的土地上，陆地面积的77%为沉积岩成为建筑装饰加工的石材，为我国建筑石雕的加工和使用奠定了最为优越的物质条件。只不过在人类早期利用石材中，由于石材硬度大、自重大，以及加工生产力和科技的落后，使其开采难，所以我国出现大量直接利用自然山石的创作，如石窟、摩崖石刻。商代随着冶铁技术的出现，开始将岩石雕琢成建筑装饰的石雕。因此，建筑石雕起源于商。其后在汉代形成石雕发展史上的第一个高峰期，到唐代则发展到石雕的第二个高峰期。宋代总结出石雕的技法，分别为剔地起突、压地隐起华、减地平钑、素平四种，概括了当时的雕镌水平。明清以来，石雕以其坚固耐久，防水防潮，质感高贵，色彩明快的优良品质，仍是宫廷建筑、寺庙祠堂以及富商大户的常用手法。[7]纵观石雕发展史，其技艺发展迅速，工艺水平高超、制作的精巧，让人叹为观止。明清石雕生产数量急剧增加，其数量是明清前的8倍。明、清前期的石雕工艺继承唐宋遗韵，刀法细腻流畅，造型比例适宜；清后期趋向精雕细琢，线条细腻繁丽，但气势略减。[8]如清代皇家的仪卫性大型石雕，对局部注重精工细刻，与巴洛克和洛可可风格有异曲同工之道。清代建筑装饰石雕在建筑中应用广泛，内容非常丰富，具有很很强的生命力。大量的民居住宅、祠堂、庙宇、牌坊等建筑局部和构件上，石雕工艺都有非常出色的表现。如在五台山的建筑装饰中，应用石材雕饰进行装饰的寺院众多：竹林寺山门外新修的石影壁、镇海寺公路旁的石影壁、圆照寺山门外的石影壁、龙泉寺山门外108台阶前的石牌坊、尊胜寺的影壁、普华寺的影壁、南山寺石牌坊及影壁等。

明、清时期琉璃瓦的生产，无论生产的数量、琉璃瓦的质量上都超过过去任何一个朝代，但是，这些瓦的颜色和装饰题材仍然受到封建社会等级制度的影响，其中黄色琉璃瓦只用于宫殿、陵寝和高级的祠庙。[9]根据实地考察发现，五台山黄庙的顶部都装饰有颜色鲜艳的琉璃瓦。如五台山菩萨顶文殊寺角楼顶部的琉璃瓦装饰，显示出古代工匠师在运用琉璃瓦以获得艺术效果方面的成果显著。这种技艺与工艺丰富了建筑装饰艺术。

明代砖的生产数量增长，不仅民间建筑很多用砖瓦，当时全国大部分州、县城的城墙都加砌砖面，特别是直隶、山西二省内长达千余千米的万里长城。[10]在结构方面，元代以前城门用半圆形券，明清则全部用砖券。可见，砖的生产技术有很大进步，并作为建筑材料广泛应用于当时的建筑中。在五台山建筑装饰中应用广泛，如塔院寺西门外影壁山门外影壁、显通寺门外影壁、五爷庙门外影壁、七佛寺山门外影壁、罗睺寺山门外影壁及大殿前影壁、镇海寺院内两座影壁、明月池路边影壁、圆照寺山门外影壁、菩萨顶和二塔寺影壁、金界寺砖砌影壁。

二、青庙、黄庙色彩装饰独具特色

五台山佛教建筑装饰除材料与技术应用之外，其色彩装饰也独具东方文明特色。五台山具有"青庙"和"黄庙"两种建筑装饰色彩体系。对其装饰色彩的色系、色相、语义及历史价值的研究，对于解读南山寺佛教建筑文化体量、艺术审美和环境氛围塑造，都具有重要启示作用和参考价值。

（一）五台山建筑色彩装饰类型

1. "青庙"的色彩装饰

传入中国的佛教在发展过程中其建筑色彩明显受到中国传统文化影响。在最初保留印度佛教色彩理念的基础上，吸收并融入了中国传统色彩文化思想，如"五色观""见素抱朴"。五台山早期的佛教建筑的基本色彩为屋顶瓦的青色、外墙的红色和塔的白色，这三色为山西地方性"青庙"装饰色彩样式，区别于流传于云南及东南亚国家中的南传佛教建筑中红瓦为主要色彩的装饰样式。山西显通寺的建筑装饰色彩便具有典型性。寺内的建筑中轴线上依次建造观音殿、文殊殿、大佛殿、无量殿、千钵殿、铜殿和后高殿，主殿两侧分列僧舍和廊房。寺院中建筑的顶部一般使用青瓦做屋顶装饰材料，色彩呈现青色；外墙面的装饰色彩共有红色、白色和青砖本色三种颜色。屋顶青色给人一种古朴、清凉与幽静的感受，凸显"青庙"色彩装饰的文化喻义。墙面的红色给人一种温暖的感觉，表达佛教对众生的关爱和挂念。建筑殿堂内部墙上以灰白色为主，强调灰色的冷色调性，与佛像的华丽色彩形成强烈的对比。建筑内外不同色彩的使用，强化主题观念，直观呈现佛教隐喻观念和佛学禅语。青庙建筑色调与寺院的周围自然环境和谐统一，增强了佛教建筑的清幽和入世的色彩，符合儒家"天人合一"的观点。

2. "黄庙"色彩装饰

清康熙四十四年（1705），朝廷为达到"绥柔蒙藏"的目的，利用山西这条特殊的纽带，推行"兴黄庙，安边民"的戍边政策，并颁布诏令将五台山的罗睺寺、宁寿寺、三泉寺、玉花池、七佛寺、金刚窟、善财洞、普庵寺、台麓寺、涌泉寺等寺院改为黄庙。[11] 自此，五台山形成黄庙、青庙并存的格局。从考察来看，五台山的黄庙建筑的顶部装饰颜色鲜艳的琉璃瓦，外部的屋檐、栋梁、藻井、门窗装饰主体色彩为红色、金黄色。色彩装饰的主色调为暖色调，冷色中的蓝、绿等其他色彩为点缀色。这些颜色的搭配充分显示"黄庙"装饰艳丽特点，给人一种金碧辉煌的色彩感受，同时用强烈、纯粹的色彩语言表达宗教文化内涵。这种色彩装饰样式彰显色彩装饰文化上的精湛、豪气和壮美。在五台山佛教建筑群中形成的"黄庙"建筑色彩样式是山西佛教建筑色彩的重要组成部分。

3.多宗教建筑色彩的吸收与融合

佛教与儒、道合称"三教"。"三教融合、三教会通与三教冲突的发展历史，创造出了极其丰富宝贵的文化遗产，形成自身绵延不绝的文化气息与兼容并包的文化态势"[12]。现保存在五台山建筑群中多教色彩装饰融合形式，不同宗教信仰之神同处一院或一殿，建筑装饰材料色彩与周围环境的协调性，体现出道家的"道法自然"、儒家文化的"天人合一"的精神内涵，这些现象是三种文化融合发展的写照。吸收融合多种宗教建筑群色彩装饰的特点，诠释着中国传统文化的包容性、佛教文化的开放性。这种多教色彩装饰相融合的装饰色彩文化，丰富了五台山佛教建筑装饰色彩文化的类型。

（二）五台山佛教建筑色彩装饰特征

1.色彩装饰的整体性

五台山佛教建筑的色彩表现与建筑造型、材料联系紧密，用纯度高，或明度低，或色相鲜艳的三种色彩语汇来表达建筑内涵。应用于建筑之上的装饰色彩构成，则表现出极强得统一性和整体性，体现不同佛教建筑色彩表现的鲜明特征。寺院建筑材料的固有色（砖石材料的深灰色）与建筑外观代表佛教某种含义的色彩（白色）之间营造出一种清幽的氛围。五台山佛教建筑墙面饰以红、白、青色彩，屋檐上绘饰连续的、独立的和整体的彩绘装饰带，在周围环境的衬托下，整体建筑给人一种稳定巍然的视觉感受。高级别的寺庙屋顶上使用的黄色，成为观者参观整座寺院视线的汇聚点，对建筑群起到了集中、收缩、强调与突出的视觉效果。作为建筑整体的点缀色彩的应用，对建筑整体性色彩构成装饰起到画龙点睛、突出重点的作用。从建筑中使用的色彩来看，无论是青色顶，或是金色顶，在蓝天白云的映衬下，建筑整体色彩呈现尽然有序的色彩装饰构成整体模式，不仅彰显了佛寺建筑色彩的宁静与热烈，而且也凸显出天空的悠远空静，无形中使信众对佛寺产生敬畏感，使走近寺院的人在内心中产生一种清静之感。

2.色彩装饰的对比性

五台山佛教建筑色彩装饰大量使用色相和明度对比的手法。建筑装饰的色彩中使用的红、黄、蓝三原色，使色彩之间形成最鲜艳、最饱和的对比关系，体现出金碧辉煌的色彩装饰效果。五台山佛寺建筑外观中青色与白色、红色与黄色，分别彰显出青庙色彩的宁静和黄庙色彩的艳丽，增强了建筑的厚重感。殿堂内部前面、地面色彩呈现低明度的调性，与大殿内庄严、沉稳和深厚的佛像形成鲜明的色彩对比。佛寺墙体、窗户、檐口和门内的色彩装饰色彩体现出由深到浅的色阶、由亮到暗的明度和彩度的变化，这种逐渐形成的色彩对比，增强建筑的稳定感和景深感，同时强化了主题分量，表达了佛教色彩装饰隐含观念的神圣性。在五台山汉藏佛寺建筑局部应用的色彩来看，蓝绿、蓝紫色、红绿蓝和红黄绿应用比较普遍，其中蓝绿和蓝紫色大部分布置在檐口上，建筑装饰的局部点缀金、银或白色，整体色彩看上去对比强烈、搭配和谐。这种三色对比与有彩色与无彩色对比的色彩装饰处理，一方面体现出建筑的等级地位，另一方面佛寺建筑形象的厚重与庄严起到烘托作用。总之建筑装饰色彩的应用凸显佛寺建筑形象庄严、幽深特征。五台山佛教建筑使用的暖色系、冷色系，使色彩有鲜明事物对比，突出建筑装饰色彩使用严谨。

3.色彩的象征性

在心理学范畴内，不同色彩代表不同含义；在设计学领域内，色彩具有不同的设计语义；在佛教中，色彩却被赋予特殊的宗教喻义。佛教在传播过程中，通过视觉形象将佛教思想中最抽象的部分进行视觉表现，使之变得通俗明了，使受众易于接受和理解。印度佛学家尼丁·库马尔对大乘密教中使用色彩代表的寓意进行解析，他指出，在大乘密教中运用的黑色、白色、黄色、红色和绿色，"具有丰富的象征意义和神圣的地位"[13]。建筑彩绘中使用的蓝、绿色形成受到礼制思想影响。五方、五行和五色理论中认为，五方中的东方属五行中的木，是五色中的青（蓝或绿）在佛教中则喻义"生化"，象征春天万物萌发，自然生机勃勃。建筑墙面中使用的红色，是佛祖朴、博爱的情怀地象征。白色象征安住、静虑。黄色象征忍辱、利乐。具有佛教含义的颜色与建筑彩绘图案有机结合，一方面利用色彩传达佛教对特定颜色的喻义，另一方面创造出佛教建筑色彩不同装饰的视觉效果，借此体现建筑等级。在五台山青庙与黄庙的色彩应用中，既有金色与红色单独使用，也有红、黄、蓝三色并用，体现单色色彩表现与组合色彩搭配的魅力。通过色彩隐喻体现出不同的佛教理念，激发出不同的宗教思想和理念。如檐口、梁和藻井装饰部位上饰以蓝、绿等色，代表佛陀对大众怀有同体大慈的精神。此外，由于五台山地域条件、宗教信仰和生活风俗，对建筑彩绘色彩的运用形成了自身的优势和体系，形成具有秩序性、开放性和动态性的五台山地域特色彩绘颜色的选择以及色彩搭配，与其他地方的建筑彩画具有明显的差异性。

第二节　五台山南山寺建筑装饰特征

建筑的装饰，一般是指其花纹，即所谓"物既成而加以纹彩也"。这是装饰的主要内容。"实际上，在'成物'的过程中也含着装饰，进而构成物的和谐与协调……也就是说，在造物活动的整个活动中，形状、花纹、色彩三者同等重要，应该视为一个有机联系的整体。"[14]南山寺建筑装技艺主要体现在三雕与彩绘两方面，采用这些方式对建筑构件进行艺术加工，进行建筑地装饰与美化，满足不同群体的审美和心理需要。寺内的三雕具有以下艺术特征：①南山寺三雕装饰注重结合雕饰部位的形体考虑图形表现和装饰；②建筑彩绘用色特征具有地域特色；③雕刻和彩绘内容丰富，大大突破了佛教题材。

一、注重结合雕饰部位的形体考虑图形表现和装饰

三雕装饰出现在建筑装饰的不同位置，如门罩、墙面、券门、栏板、照壁、屋脊等处。其雕饰的形象围绕构件外形或装饰空间进行图形设计与安排。装饰于建筑上的图案，造型以写实为主，构图饱满，形象刻画生动。其适合的外形有方形、圆形、三角形、异形等。如南山寺钟鼓楼拱眼壁内装饰（图1-1）的花草适合三角形，果实图案根据斗拱向上是"力势"，雕饰福手、石榴等单独纹样，外墙分别装饰牡丹纹、葡萄纹和荷花纹。图1-2为钟楼装饰墙面之一，其上雕饰两株对称性荷花纹，荷花图案中包括荷花花头、莲蓬、荷叶以及波浪。纹样枝叶繁茂、粗壮有力，外形很好与窗户以及墙面契合。

图1-2　钟楼装饰墙面

图1-1　建筑外墙装饰局部

图1-3　极乐寺性空门内、外檐彩画

二、建筑彩绘用色特征具有地域特色

"南山寺建筑装饰中有彩画技艺的使用较普遍，它是伴随着古代传统木构建筑的发展而产生的以中国装饰及防朽手段，历数于数年而不衰，成为中国建筑艺术中极富民族特色的表现形式。"[15] 彩画装饰色彩设计则呈现出等级性。如在佑国寺外檐上中五彩类色彩，具有五台山风土彩画的特征。南山寺建筑彩画艺术装饰图形呈现出开放性特征，典型代表形象有彩画枋心出现的火车、西方风景画等。在彩画的视觉设计上体现出以一种俭省的处理方法，即画匠对面向观者的方位、接近观者视线的构件上出现的彩绘艺术进行刻意强调，形成外高内低、下高上低、前高后低的处理办法，从而形成了基于观者关注程度的彩画格局。由此，可以看出南山寺建筑彩绘装饰艺术协调着人的感受行为。大量使用的彩绘艺术，使建筑色彩装饰效果呈现醒目效果，强化了寺庙建筑的幽静和深远。"建筑装饰作为传达身份和地位等公共意义的手段，在中国古典建筑时期，主要表现在礼制制度和官方门第等级的规定上。"[16] 南山寺建筑装饰的正脊、栏板、抱鼓石、坎墙、门罩、横梁以及柱础的大量雕饰与绘制的龙、凤图形，传达出建筑的身份和地位。

三、雕刻和彩绘内容丰富 具有象征性

南山寺尽管采用多种手法来装饰寺庙建筑，但其装饰内容具有明显的象征性和隐喻性。诸多内容多表达了对吉祥、平安、丰收、长寿和欢庆的追求，体现了中国社会重视人的入世的思想观念，呈现儒家礼教价值下形成的"文质彬彬"观念。装饰图形中既有表达建筑平安、防灾的观念，也有表达寺庙建筑的身份和地位，还有大量吉祥文化的表现。

图 1-4　门楼局部

　　南山寺的建筑装饰中用来表现建筑本身安全和防火观念的形象，集中体现在屋顶装饰上。如正脊两端的正吻，从装饰的内容来看，它们用的全是龙头（图 1-5）；但形式却非完全统一，既有龙头咬着张大嘴吞咬着正脊，也有龙头居上背向屋脊仰望苍天。它们与正脊组合成完整的屋顶装饰，以压火祥。

图 1-5　南山寺建筑屋顶正脊

图 1-6　门帘架局部

寺庙的装饰图案中出现了大量代表吉祥的图案，从题材上来分主要有植物类，如葡萄（在佛教中象征丰收；在民间象征多子多孙）及与葡萄相关的图案松鼠葡萄、菊花（在道教中象征成仙之意；在民俗文化中象征长寿之意）、梅花（象征五福，也有传春报喜、吉祥平安之意）等；人物类，如戏曲人物（穆桂英等）、神话人物（三星高照、天女散花、门神、八仙等）、文学人物（林黛玉、《三国演义》人物等）、历史人物故事（苏武牧羊、挂角观卷、负荆读书等）；动物类，如五福捧寿、二龙戏珠、双凤朝阳、麒麟送书、鹿登梅山、封侯挂印奔马逐日等；其他类，如瓶中插花、海上升瓶。这些大量出现的吉祥图案，将福、禄、寿、喜、财吉祥文化通过图像物象化，体现了当时民众内心的精神向往。

图 1-7　木雕门罩局部

第三节　多元文化汇聚的南山寺佛教建筑装饰石雕艺术

一、五台山南山寺建筑石雕装饰艺术概况

《钦命五台山敕建万圣佑国南山极乐禅寺碑记》中说："广大灵感，佑国安民，上保文武百官位禄显贵，下扶军民僧俗福寿康强。"由此可以看出，佑国南山极乐禅寺敕建目的：一是佑助国家，保护人民；二是保佑文武百官官位和爵位显达；三是守护军人、僧尼、民众福寿安康。按照南山寺佛教文化特色和设计者的构思，南山寺建筑石雕主要分类如表 1-1 所示。

表 1-1　南山寺石雕主要分类

类别	序号	雕饰纹样	具体表现
雕饰的图案纹样	1	自然纹	祥云、山、石、水
	2	植物纹	荷花、仙桃、菊花、梅花、白菜、萝卜
	3	动物纹	龙、凤、孔雀、狮子、马、羊、鱼、蝙蝠、喜鹊、鹰、山雀
	4	器物纹	暗八仙、八吉祥、三叉戟、花瓶、杂八宝
	5	人物纹	戏曲人物、神话人物、文学人物、历史人物
	6	文字	日、福、月、寿、卍

类别	序号	表现手法	具体表现
雕饰的图案纹样	1	谐音法	荷（合）花、蝙蝠（遍福）、鹿（禄）、瓶（平安）、葫芦（福禄）
	2	比拟法	莲花（庄严、圣洁）、松竹梅（友情长存）、仙桃（长寿）、石榴花（功德圆满）、葡萄（果实丰收）、牡丹（高贵富丽、无我、纯净、慈善、绝尘）
	3	直描法	八仙（法器功能）、福禄寿（天官赐福）、鲤鱼跃龙门（中举、升官等飞黄腾达之事）、二龙戏珠（有庆丰年，祈吉祥之意）
	4	组合法	五福捧寿（长寿）、一品清廉（廉洁）、喜鹊登枝（双喜临门）、天女散花（春满人间、吉庆常在）

　　石作雕饰主要集中在钟楼门洞券脸、栏杆、墀头、殿壁、柱础、照壁，其中最为讲究的当属钟楼门洞券脸与石栏杆。此外，石雕图案的形象对采用的雕刻工艺有一定影响，同类图案在不同建筑位置的雕刻手法也不相同。如南山寺建筑中的龙纹图形，根据装饰位置的不同采用不同的雕工。大雄宝殿的殿壁及雷音殿殿前的雕龙石壁上的龙纹图案为主，运用高浮雕技艺进行形象表现，以显示出大殿在寺庙中的等级地位。而南山寺石台阶两侧的栏板上 雕饰的龙形图案，则多用浅浮雕技艺进行表现，形象简洁明快，龙纹形象生动且富有动感。南山寺建筑石雕装饰艺术无论从雕饰技艺与规模还是从雕饰内容来看，明显受到当时区域匠作技艺、寺庙经济和清代社会文化的影响，具有显著的时代文化特征。

二、五台山南山寺建筑的石雕装饰题材

　　从南山寺装饰石雕图案设计题材来看，南山寺建筑装饰石雕图案的题材具有多

元化特点，图案中呈现的内容驳杂，但图案主要运用象征、谐音、借喻等表现手法，承载信众内心对吉祥的祈盼愿望，直观地用图案形象表达福、禄、寿、喜、财的吉祥愿望和理想，折射出大众生存的真实感受、内心世界及人们的生活观念。

（一）以"福"为寓意的题材

蝙蝠，又名仙鼠、飞鼠，它是哺乳动物的一种。因"蝠"与"福"谐音，民间以"蝠"喻"福"，是福文化符号的重要形象之一。南山寺中借此形象组成的吉祥纹样有"万寿五福""福水流云"和"福运临门"。蝙蝠形象经过艺术化变形、概括、抽象处理，创作出适合圆形、异形和长方形的艺术形象。五只蝙蝠与万寿纹组合、蝙蝠与云为伍、福运临门由蝙蝠与两朵灵芝云组合，反映人们求财求福的社会风气。在石雕纹样中，蝙蝠纹常用于柱础、栏板和院心。图1-8，蝙蝠与云纹受方形的外形限制和构图美感的需要，可以看到图案以蝙蝠为中心，左右分别布置一朵芝云。图1-9以寿纹为中心，两边分别安排一只蝙蝠。图1-8、1-9纹样表现流畅，构图呈现对称之美。此外还有福禄寿三星中的福星，象征能够带来幸福、希望的人。葫芦谐音"福禄"，是富贵的象征。其枝经称为"蔓"，"蔓"与"万"同音，"蔓带"与"万代"谐音。其构图外形一般为方形，有丰和满的特征。纹样形象（图1-10）主要包括葫芦与葫芦藤，生动饱满，一般饰于迎风上。

图1-8　福运临门

图1-9　双福

图 1-10　葫芦纹样

（二）以"禄"为寓意的题材

"禄"是指古代读书人通过参加科举考试，金榜题名、步入仕途，最后升官受禄的观念，反映出古代读书人追求世俗名利、富贵荣华生活地追求。南山寺中鲤鱼跃龙门形象（图1-11），寓意科考成功。鲤鱼从水波涛汹涌的大海中升出头，天上已有苍龙飞跃，象征逆流前进，奋发向上。

图 1-11　鲤鱼跃龙门

在中国吉祥图案中，鹭和鹿与"禄"是同音，是入仕受禄的象征。南山寺中由此组成的吉祥纹样有路路连科（图1-12）、一路连科（图1-13、图1-14）、鹿登梅山（图1-15）、芝云鹿纹。这些纹样主要出现在柱角、大殿须弥座、小品基座，其纹样适合正方形、三角形和长方形为主。此外，还有猴子与松树组成"封侯挂印"的图案（图1-16）。

图1-12　路路连科纹样

图1-13　一路连科纹样

图1-14　一路连科纹样

图1-15　鹿登梅山纹样

图 1-16　封侯挂印纹样

　　狮子为百兽之王。在佛教中，狮子有尊贵、威严、坚强的象征含义；在民间，"狮"与"师"同音，寓意太师、少师、子嗣昌盛，也取谐音为事事如意；在明清官服卦子中，是武官二品的卦子图案。南山寺中出现的狮子图案有狮子滚绣球（图1-17），狮子形象世俗化、生活化，充分表现了嬉戏场面。

图 1-17　狮子滚绣球纹样

（三）以"寿"为寓意的题材

　　古代人认为人以寿为本，人在一切在，表现出中国人更看重今生今世。人们利用不同事物体现生命力，象征吉祥、美好。南山寺中代表"寿"字的形象有寿星、寿字纹、仙桃（图 1-18）、松树、仙鹤（图 1-19）、菊花（图 1-20）形象。寿星是最受人们尊奉的吉祥长寿神灵，民间将其看为主宰人间寿诞之神。在南山寺的石雕中，寿星与福星、禄星相随出现，或与八仙形象组合出现，一般出现在栏板和照壁壁心。寿字纹、寿纹可与蝙蝠、云纹同时出现。桃象征长寿，民间有"仙桃""寿桃"等说法。鹤相传可以活百岁以上，民间有"仙鹤"的称呼。松傲然挺立，是百年长青之树。菊花古人认为其能轻身益气，是长寿的象征。

图 1-18　仙桃纹样

图 1-19　松鹤纹样

图 1-20　菊花纹样

（四）以"喜"为寓意的题材

在中国，人们追求趋吉避凶、喜乐开心的愿望。"喜"题材在南山寺建筑装饰石雕纹样中，主要是通过谐音组合成的吉祥纹样，如喜上眉梢。《开元天宝遗事》载："时人之家，闻鹊声皆以为喜兆，故谓喜鹊报喜。"《禽经》载："灵鹊兆喜。"梅花开在百花之前，有报春花之称。"梅"与"眉"为谐音，喜鹊登梅寓意喜事到来。图 1-21 中雕饰的图案主体造型为瓶中插梅花，梅树枝头立有一只鸣叫的喜鹊，瓶腹上饰有如意纹，纹样整体造型舒展，雕饰形象综合多重吉祥寓意。

（五）以"财"为寓意的题材

在中国古代社会，广大的民众为生存而挣扎，他们将解救自己痛苦的希望寄托在神灵上，在民间出现多种财神信仰。民间财神主要有文财神、武财神等。在南山寺中雕饰的寓意"财"的纹样选取清代瓷器中常见的植物纹样——白菜（图 1-22）。"白菜"与"百财"谐音，寓意家财万贯，表达人们期望财源广进的愿望。

图 1-21　喜上眉梢纹样　　　　　图 1-22　白菜纹样

（六）叙事题材的应用

借助图案艺术，在建筑石雕图案中描写与表现神话传说、古代英雄、文学故事、历史人物的故事情节，是南山寺石雕装饰的重要内容之一。南山寺建筑装饰石雕图案中最为典型的是福禄寿三星形象。在佑国寺望峰台月台正中间栏板与三进院照壁上，以福星为中心，寿星与禄星相伴左右；在石券门与佑国寺二进院高台下栏板上，则以寿星为主体形象，八仙、鹿、鹤、祥云形象作为辅助纹样出现。信仰虽不尽相同，但是都符合佛教教义，体现出装饰思想的中心更多是以人最基本的追求为目标。

文学故事中尺幅较大的作品有《穆桂英挂帅》，这幅雕饰形象出现在望峰台栏板上。穆桂英是戏曲《杨家将》及明代小说《北宋志传》（熊大木撰）、《杨家将通俗演义》（纪振伦撰）等中的人物。人物形象身披金甲，既表现出巾帼女英雄的将帅风采，也表现出女性柔美的一面。坎墙上雕饰的《买臣负薪》，图案将朱买臣一边砍柴一边挤出时间读书的情景表现得惟妙惟肖。此图意在劝勉诸生勤奋学习，不被环境影响，潜心苦读，仕途进取。在门券、角柱与墀头处雕饰《西游记》《三国演义》《封神演义》中的故事情节，反映了当时南山寺建筑装饰文化采取兼容并蓄的开放态度。

题材为故事情节的雕饰离不开对多种身份人物形象的表现。在南山寺石雕图案中出现的人物形象依赖于人物表情、动作及衣服来表现塑造对象得生动。雕饰者认真细致地刻画人物表情、人物服饰衣纹的下垂感以及飘动感，很好地塑造人物动态和体现精神特征。石雕中出现的人物注重人物表情、动态和衣服刻画，衬托身姿之美和运动之感，烘托刻画人物的内心世界和精神面貌。南山寺石雕图案内容多元化，构图设计的独具匠心，人物的雕刻技艺精湛，表现了南山寺修建过程中无数无名工匠们的非凡艺术创造手法。这些雕饰纹样构成是南山寺装饰艺术一道独特的风景。雕饰形象在精美中衬托庙宇的庄严，也隐喻表达佛教圆融精神。

南山寺建筑的石雕装饰艺术利用寺内建筑布局随势布局，因材施艺，装饰在"有法"与"无法"之间形成平衡，实现人工雕琢与自然环境完美融合。它融雕刻景观与儒、道、佛精神及民俗文化为一体，一方面作为雕刻景观装饰美化寺院环境，另一方面传达出佛教祈求天下太平、百姓安康、众生平等的宗教关怀。这些祥瑞题材图案对信众起到直观的教化和感化作用同时，也传递出世俗的美好寓意。寺中一组组和谐石作雕饰，为研究清末到民国中期五台山青庙建筑装饰艺术提供了精美的范本，集中体现了五台山汉传佛教寺庙的建筑装饰艺术的众多装饰特点，展现清末到民国中期佛教寺庙装饰艺术中光彩动人的实际成就。

注释：

[1] 姜娓娓.建筑装饰与社会文化环境：以二十世纪以来的中国现代社会建筑装饰为例[M].东南大学出版社，2006：25.

[2] 姜娓娓.建筑装饰与社会文化环境：以二十世纪以来的中国现代社会建筑装饰为例[M].东南大学出版社，2006：43.

[3] 楼庆西.中国传统建筑装饰[M].北京：中国建筑工业出版社，1999：265.

[4] 孙大章.中国古代建筑史：第五卷　清代建筑[M].2版.北京.中国建筑工业出版社，2009：44.

[5][6] 陈捷，张昕.五台山汉藏佛寺彩画研究[M].南京：东南大学出版社，2015：15.

[7] 孙大章.中国古代建筑史：第五卷　清代建筑[M].2版.北京：中国建筑工业出版社，2009：459.

[8] 张道一，唐家路.中国古代建筑石雕[M].南宁：江苏美术出版社，2006：2.

[9] 刘敦桢.中国古代建筑史[M].2版.北京：中国建筑工业出版社，1984：408.

[10] 孙大章.中国古代建筑史：第五卷　清代建筑[M].2版.北京：中国建筑工业出版社，2009：407.

[11]冯晓宁.五台山藏传佛教僧侣服饰研究——以格鲁派为例[J].艺术品鉴，2017(1)：119.

[12]张繁荣，付蓉，吴玉文.论山西佛教建筑色彩装饰文化的基本特征[J].山西档案，2013(5)：31.

[13]张繁荣，付蓉，吴玉文等.山西佛教建筑色彩文化浅析[C]//中国流行色协会.年中国流行色协会学术年会文集，合肥：中国科技大学出版社2013：61.

[14]张道一，唐家路.中国古代建筑石雕.南京：江苏美术出版社，2006：2.

[15]孙大章.中国古代建筑史：第五卷 清代建筑[M].2版.南京：中国建筑工业出版社，2009：441.

[16]姜娓娓.建筑装饰与社会文化环境.以二十世纪以来的中国现代社会建筑装饰为例[M].南京：东南大学出版社，2006：59.

第二章 五台山南山寺建筑装饰石雕图案分布

南山寺护佑的对象广泛，上至国，下至民，既有显贵也有平民百姓，既有入世之人，也有出世之人，体现的文化内涵为福、禄、寿、喜、财。由此可以看出，南山寺中出现的装饰纹饰设计依据以上敕建目的进行设计和安排，并凸显吉祥文化。围绕这个设计思想，南山寺建筑装饰石雕图案既有吉祥寓意的图案，也有作为象征宗教文化的图案，这些装饰图案在建筑空间中应用广泛，创造出或深厚生动或写实精致的图案形象，留下了无数精彩的石雕图像，雕饰的石雕图案只为塑造南山寺仙境氛围。

第一节 照壁

"影壁是独立于房屋之外的一段墙体，它的位置在一组建筑群的大门外和大门内，面朝大门并与大门相隔一段距离。寺庙、官府、大宅第外的门位于大门外。根据影壁的'隐'和'避'的功能，之后合称为'隐蔽'，后逐渐演变成'影壁'。"[1] "影壁在明清之际特别流行，不论是皇宫王府、寺庙道观，还是民居院落，都要建造与之相应等级的影壁。"[2] 五台山建筑中重要影壁有60座，其中南山寺就有9座，这些影壁既有实用功能，也有审美功能，是南山寺建筑中不可缺少的一部分。

第一，从照壁从形式上来看，南山寺影壁主要包括"一"字形和"座山"影壁，从材料上来看；有砖、石等，从内容上来看，有文字壁类和人物壁类。南山寺9座影壁的装饰题材人物、动物和文字为主，材质主要有汉白玉、青石和青砖，装饰形象的雕刻技艺精湛，蕴含着深厚文化内容。其中，有2座影壁建筑装饰将雕刻和书法融为一体，反映出南山寺影壁装饰匠心独具的理念，为五台山的庙宇建筑增添一抹亮色。

南山寺最大的影壁位于108级石阶对面，面宽三间，当心间高大凸起，次间偏低，属"一"字形影壁（图2-1）。其修建时间为民国年间（1912—1919），建筑面宽为18米，高近8米，厚约为1.6米。影壁由壁座、壁身和壁顶三部分组成。位于影壁上段的壁顶，由斗拱、檐椽、飞椽、瓦等组成的仿木构单檐五脊悬山顶，屋顶上满布青色通板瓦，横脊的两侧饰有鸱吻，垂脊中部雕饰兽头。中段壁身中心镶嵌刻有诗句的圆形汉白玉，四角配以辅助装饰。左右偏低次间壁心有汉白玉竖匾作为装饰图像。当心间壁身中央的上部两侧雕有垂花柱，与装饰素雅的壁身形成疏与密、简与繁、曲与直的对比。影壁底部的束腰须弥座基座采用青石砌筑，青石对缝技艺严谨。这座影壁体量之大、装饰精美、图案表现疏密和谐，可以说是五台山"一"字形影壁中最高大精美、赏心悦目的一座。

图2-1　南山寺最大影壁

第二，从影壁的题材内容来看，它的壁心上用刻字进行装饰，是五台山用文字作为影壁装饰中最独特精美的一座。该影壁形式为一主二从，分作左、中、右三段。壁身中央设置一块文字作为装饰的圆形的汉白玉盒子，其上题字内容为"当初以来，混元一气。天地回覆，日月光明。分形变化，大道虚空。万赖圣人，性中觉灵。迷雾解决，善德无穷。悬机高调，老主无生。"文字右侧下方雕刻落款人。壁身四岔角辅以石浮雕云纹。左、右两次间壁心装饰外形为长方形、材质为汉白玉的题字。左边雕饰内容为："风化神中梦，迷路天作合。"右边雕饰内容为："了道心圆地，真光上明天。"左、右壁身的四岔角上，分别雕有仙桃树和香瓜图案形象。仙桃是福寿地象征，富贵世袭相传，福寿无疆。香瓜寓意子孙生活甜蜜。壁身上方横梁内雕刻有竹子、荷花、牡丹花、经卷等内容。壁顶的拱眼壁内雕饰有菊花、梅花、牡丹、莲花、石榴、柿子、仙桃等图案，左、右两侧影壁的拱眼壁内分别雕着坐禅的僧人和炼丹的道人，它们独立成画又相连在一起，成为影壁上方的一道边饰，多种内容的组合，显示了佛与道相融合局面。屋顶横脊上饰有以牡丹、荷花等花草图案组成的二方连续图案。影壁壁身背后中间镶嵌着砖雕"大方光明"四字。这座影壁是五台山民国年间砖雕影壁中的精品杰作之一。

第三，从建筑材料的色彩效果上来看，白色的汉白玉石雕镶嵌在青灰色的砖雕上，形象十分鲜明。青色具有坚强、希望、古朴和庄重的含义，体现出冷峻的理性力量，也有清凉的含义，同时象征永恒、真理、智慧、纯洁清净、精进。白色为清净之色，象征远离污垢，也代表光明普照，色彩整体装饰体现出意境清幽的感受。从设计艺术角度而论，白色可以使青色看起来更醒目，同时点亮了照壁的色彩装饰设计，突出主题，既传达了佛教的象征喻义，又显示了汉文化对佛教文化的影响。

108级台阶对面是壕沟，因此大影壁的修建，不仅起到遮蔽作用，还美化了空间，增添了美感，使整个建筑群落更加和谐。作为传统建筑组成部分之一的影壁，在建筑空间环境中能够遮挡人们的视线，起到保持建筑内部隐蔽与安静的功能。它在建筑的位置比较重要而成为重点装饰的位置之一，其工艺特点、装饰内容比较讲究。从功能上来看，南山寺的影壁与民居影壁不同。前者起到美化空间和建筑标识的作用；后者则是升聚院内人气、辟邪驱魔、挡风挡煞的作用，满足人们趋吉避邪的心理需要。南山寺内的影壁或者在门内，或者在门内外对墙上建造与寺庙建筑和谐一致的墙影壁或靠山影壁，既美化空间起到观瞻效用，美化寺院的视觉审美；同时影壁使用的雕饰的图案，又反映了清末民初佛教建筑装饰的审美，表达民众对美好生活的祈求，以其独有的气质隐含着博大精深、圆融和谐的佛教文化。

南山寺中的极乐寺大门对面的砖砌照壁，壁身中央雕饰汉白玉雕刻文字的竖匾，其上内容为"佛国善地"。永近门照壁壁身中央嵌石刻题字"万事如意"。在通往二进院的看台下的墙壁上，正对着天王殿后门，雕刻有一副寿星，图案由寿星、松树、仙鹤、仙鹿组成（图2-2）。松树为"百木之长"，传说上千年的松树所流的树脂会变为茯苓，服之可成仙。鹤为"白羽之宗"，是长寿仙人的坐骑，通常代表长寿。鹿通"禄"，意味着俸禄不断，财源滚滚。壁心整幅图案长约250毫米，高约250毫米。在图案的四个边角，雕饰左右对称的龙纹、凤纹组成。上为龙纹，下为凤纹。照壁的四边边框线内雕刻有道家八仙，竖列分布两侧，虽然是在佛家寺院，但在装饰纹样中融入了大量的道家八仙形象，这也是佑国寺特色之一。通往三进院高台下的照壁壁心上雕刻福禄寿三星（图2-3）。壁心整幅图案长约250毫米，宽约250毫米。与望峰台的福禄寿三星相比较，图案中的人物脸部表情生动，缺少了神仙的威严感，使人感到十分亲切。这些照壁通过工匠细心的雕刻装饰，不仅使参观者获得精神心理愉悦，使欣赏着获得悦目的审美效果，而且也表达出寺庙文化内涵的开放性，一定程度上反映了民众的内心需求。从以上分析可以看出，南山寺影壁集建筑、书法、雕塑于一身，与所属建筑群浑然一体，是五台山具有代表性的建筑形象。它不仅是民众信仰的载体，同时也是传统吉祥文化的物化表现的载体。

图2-2　寿星图案

图2-3　福禄寿三星图案

第二节　牌楼

"牌楼作为一种门洞式的纪念性建筑，遍及于乡村闹市、园林名胜、陵墓祠堂、庙宇寺观和街衢道路。"[3] 其主要目的是崇圣祀典、宣传礼教、标榜功德，表示威仪。作为佛教圣地的五台山，寺庙林立，是我国罕见的保存较好的古建筑宝库。当然这其中也包括牌楼和牌坊。根据，统计五台山现存有明代以来牌楼、牌坊共计25座。其中，牌坊只有3座。根据对现存牌坊使用材料来分，可以分为木牌楼、石牌楼和砖牌楼三种。南山寺的"信天由命"牌楼（图2-4）属石牌楼。

南山寺108级石阶上面有一座高大的汉白玉牌楼，其外观为三间四柱三楼，中间大而高，两旁稍低矮，此牌楼建成于民国二十六年（1937）三月十五日。这座牌楼宽13米，厚1.6米，高8米，根为方形柱。下方三个门洞。上方为三层楼檐，仿木斗拱，

图2-4　"信天由命"石牌楼（局部）

如图 2-5 所示。中间楼檐由六块整石组成，两旁楼檐则由四块整石构成。明间与次间的坊上分别密置不同数量的斗拱，上置额枋，承托飞椽及青瓦覆盖的歇山顶。此楼的正脊与侧脊都雕刻有兽首。兽首造型质朴、浑厚。牌楼的正背面，由内向外，皆有汉白玉雕饰的题词和对联。中券门洞上方的石刻匾额中雕有"信天由命"四个大字。明间与次间正面的梁柱上雕饰对联："山远色，海月空，圆顿分明同上帝；青天望，水镜中，悬真法正性光灵。""万圣今朝清真地，五岳光中自在天。"横题："苍松无毁，智转云中，飞腾万里山水平。""万缘之分以德为名，未必成加；事应虚心劳动苦尽，非理判清。"牌楼背面中间匾额题字为"不灵有神"，左边"大理方明"，右边"月色天空"。背面雕饰的对联分别为"真善无德，完成礼乐修大道；明哲则贤，振动朝元独一天。""道德灵圆居仙境，心泼性祝乐天明。"横题："上天有应，善德良心，清凉五台地生。""生死修先定，善恶同须今日好；后天不老落成真，他贤我愚未来明。"此牌楼由磨石雕砌，结构和谐、主次分明、比例匀称，牌楼整体气势庄重、雄壮、敦实，独具风采，具有非凡气度。

图 2-5　"信天由命"石牌楼（局部）

第三节　拱形石券门

明刘若愚《酌中志·大内规制纪略》对券门的描述为："宫墙之外，砖砌券门，安大石于上，凿悬孔垂之，各有净军在下接盛。"南山寺中三摩地和佑国寺天王殿的大门上采用石砌券门，造型敦实，弧形形态给人一种亲和之感。建筑创作思维严谨，整体构造方正、对称、有序，追求儒家的"中和""中正"之美，表现出建筑门的严肃性和秩序性。佛教中的"三昧"是梵语之音译，又作三摩地、三摩提等，它是指禅定境界，即将心定于一处（或一境）的一种安定状态。一般修行大都止心一处，不令散乱，而保持安定，这种状态称为"三昧"。参观者、信徒进入三摩地，有一种心神平静之感。天王殿的三门洞，代表"三界"，踏进这三个门洞代表跳出"三界"，走进神仙洞府，符合道家倡导的圆满之意。这两处石券门承载佛教教义，以建筑形式向人们传达意境的一种方式，让人们的心灵得到释放。

南山寺三摩地钟楼处于汉白玉石牌坊上面，此钟楼兼做山门。钟楼面宽1.16米，进深9米。从外观看为两层，实为一层。上层为两层重檐歇山顶楼阁，底层为台门式，修建有石券门洞。钟楼第一层由汉白玉和青石砌成，拱形门券上饰以汉白玉浮雕。正面嵌有"大法无生"的石刻，券门岔角雕有"二龙戏珠"（图2-6）、"双凤朝阳"（图2-7）。券门门脸上饰福禄寿三星、八仙等，表情生动，衣带飞扬，雕刻惟妙惟肖，形象欲破壁而出。门券正面的额上嵌有两块石匾，其上刻有"三摩地"和"光玄天"，门洞两侧嵌有石刻对联，联中书："元明天，清凉地，安阳心正；万圣寺，性空门，极乐家乡。"门洞背面额上嵌有两块石匾其上刻有"善性同缘"和"灵山地"。门洞两侧嵌有石刻对联："明仁德，达地天，高明化悬空界；大法船，回月宫，慈大灵圆光中成。"三摩地钟楼背面门洞两侧有石砌小门洞（图2-8、图2-9），内筑26级石阶，通往二层楼上。小门洞门脸上饰有花草、瓶花、葡萄、风景等，其中，"老鼠盗葡萄"图案刻画最精彩。钟楼正面墙头、背面柱基上雕有人物、花卉形象。钟楼二层拱眼壁中雕饰卷草，斗拱上饰以折枝花果，屋檐的滴水上雕饰纹饰。整座钟楼装饰内容丰富，雕刻有大量的吉祥纹样、花卉以及人物，构图饱满，繁疏有序，雕工细腻，形象生动，精美华丽，比例匀称。一幅幅与建筑装饰空间完美融合的石雕作品，是南山寺建筑装饰艺术的重要组成部分。

图2-6　三摩地钟楼背面

图 2-7　三摩地钟楼正面

图 2-8　三摩地钟楼背面门洞两侧石砌小门洞

图 2-9　石砌小门洞　局部

佑国寺天王殿的三门（图2-10、图2-11）造型方整、结构对称。其结构图如2-12所示。朱红的门板上用金色铺首、门钉和几何形来做装饰；门头与门框只用朱漆油饰；门前放置石狮；门槛用铜皮包裹，并用油饰朱漆。金色的宝顶、深灰的悬山屋顶、浅白色的墙面与石券门与门板形成鲜明的色彩对比。整个门稳重端庄，给人一种井然有序肃穆的感觉。

图2-10　佑国寺天王殿三门

图2-11　佑国寺天王殿三门局部

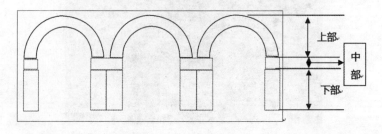

图2-12　天王殿三门结构图

　　天王殿三门装饰分为三部分。正中间的券门上部雕饰盘龙和升龙，两侧的券门上部雕饰双凤朝阳。三门的中部和下部装饰《三国演义》等故事场景（图2-13），故事情节复杂，动态丰富，人物形象众多。雕饰纹饰适合券门外形，雕饰形象舒展，雕刻细腻，图案疏密适宜。如图2-13（a）中表现关羽千里单骑送嫂嫂、曹操败走华容道遇关羽的情节。关羽身披战甲，跨赤兔马，手提青龙刀，形象以侧面表现，人物充满正义感。曹操落荒而逃的恐惧心理刻画得淋漓尽致。人物服饰、表情和动作刻画精细，借助周围景物及道具将故事情节刻画明确，纹样形象整齐而细腻，装饰效果突出。

（a）

（b）

（c）

（d）

图 2-13　天王殿三门装饰局部

第四节　墀头

"硬山屋顶的房屋，左右两侧的山墙伸出檐柱以外的顶端称墀头。"[4]墀头处于房屋正面的两侧，面积虽然不大，但位置却很突出。墀头上下整体包括三部分，即上为盘头，中为上身，下为下碱。盘头按照清式做法分为两端：下段用砖层层外挑，一层压一层，逐层挑出山墙面之外；上段为一块斜置砖板，下端立于挑出的砖上，上端搭在屋檐下连檐木上，称"戗檐板"。上身部分全部用砖造。下碱为山墙的基座，所以多用质量好的细砖砌造。有的房屋的下碱正面用角石，其角石上也多有雕刻。墀头的装饰除下碱部分的角石外，装饰主要集中在盘头部分。戗板上多雕有植物花卉、人物、动物与器物形象。

五台山南山寺的墀头材质为石头，造型模仿砖质墀头造型，属清式做法（图2-14），但是形式上相对山西民居建筑的墀头艺术相对简单一些。其墀头装饰主要集中在盘头和下碱两部分，形象雕刻手法比较写实，构图满实。盘头造型由戗板和叠层的混枭线组成。墀头装饰图案中既有花卉植物、人物故事，也有龙、凤形象。内容形象既有民居装饰内容的风采，也有寺庙昔日皇家敕建辉煌历史地显现。戗板上分布的图案有花果纹饰，如菊花、梅花、葡萄、葫芦、萝卜、白菜、石榴等；有人物纹样，如三顾茅庐、黛玉葬花等。混枭线有叠合多层无装饰的，或混枭线上饰以龙纹、云纹、二龙戏珠、遍福、双福、卷草和几何纹样图案。位于下碱的角石装饰一般由两或三部分组成。下碱主体部分的图案纹样有吉祥纹样，如麒麟送书、仙鹤衔灵芝、大象驮宝瓶等；有人物纹样等，辅助纹饰有双凤朝阳、牡丹纹等。这些装饰纹样充分展示了雕刻工匠高超的技艺和限定性要求下图案造型的变化的精巧构思，丰富了建筑装饰艺术特征，体现了建筑装饰的审美思想。

图 2-14　南山寺的墀头造型（清式做法）

南山寺墀头装饰集中在盘头和下碱上，雕饰手法多样，图案内容多样（图2-15 ~ 2-20），寓意深刻，效果也比较显著，为寺院增添了别样的意趣和魅力。此外，这种装饰形式的大量应用，折射出当时南山寺较强的经济实力。

图 2-15　盘头菊花纹样

图 2-16　盘头人物纹样（一）

图 2-17　盘头人物纹样（二）

图 2-18　下碱角石人物纹样（一）

图 2-19　下碱角石人物纹样（二）

图 2-20　下碱角石吉祥纹样

第五节 台基、栏杆、台阶

中国古典建筑在中国地理环境、文化体系、社会背景的影响下，形成风格鲜明的独立系统。从中国历代古典建筑组成内容来看，台基是其不可或缺的一部分，也是中国古典建筑形成外观形象的重要内容。在中国古代典籍中台基也称为"堂"。《考工记·匠人营国》中记载"殷人重屋，堂修七寻……"其中，堂就是台基的意思。到宋代称为"阶基"，清代以后便称为"台基"。台基包括直方形式、勾栏式、复合式、须弥座式等类型。其中，须弥座台基是台基形式中等级最高、技艺最精纯的形式之一。[5]台基是建筑物下面的底座，栏杆是围在台基四周的构件，台阶为上下基座的通道，所以这三者是结合在一起的构件。

一、台基

台基是中国建筑中重要组成部分之一，具有悠久的发展历史，可以说是中国建筑的一个特征。中国古代的房屋从原始时代的地下穴居、树上巢居，发展到地面上建造房屋。人类早期为了使这些房屋（泥土和木材建造）避免受潮，增加建筑的坚固性，多选择地势高的位置建造，或是人工堆造出地面的平台，这两种可以看作是房屋早期的台基。因此，台基的产生是源于人类生活和房屋安全的要求，是房屋上具有实用功能的部分。在中国古代建筑的发展中，建筑物级别越高，其台基也必然增高。相应地，台基装饰也越讲究，因此才有了"高台榭，美宫室"之称。台基的高低因此成为衡量建筑等级的标准。

在佛教中，"须弥"为山名。须弥山被誉为"圣山"，是世界的中心。在印度，把须弥山作为佛座，象征着佛坐在圣山之上，更显其神圣与崇高，须弥座建筑台基是由佛像台座演变而来。从目前的资料来看，须弥座原来的样子已不可考，但我们可以从云冈石窟中见到现存古建筑中使用的须弥座的一种，即它的形式是上下较宽，中间较细，呈束腰形向里收缩，形似一个"工"字。此外，在河南洛阳龙门石窟，甘肃敦煌石窟，五代、唐代中期的壁画中，也可见到这种形式的台基。

梁思成先生根据宋朝延刊行的《营造法式》"殿阶基"条，绘制了宋代的殿阶基图样。把绘制的图样与现存的台基实例一起观察，可以看出当时须弥座的形式已经基本定型了。制作形制一般自上而下分为上枋、上枭、束腰、下枭、下枋、圭角，每个组成部分的尺寸、比例都有规定。至此，须弥座的形式得到了进一步的规范，它不仅成为重要建筑和佛像下的基座形式，而且也成为狮子、莲花台座等普遍采用的形式。

南山寺中内的台基采用须弥座和直方形两种形式。佑国寺的大雄宝殿、影壁的建筑基座采用须弥座。大雄宝殿基座的上枋、下枋上雕饰"巴达马"浮雕，束腰间隔分布折枝花果纹和吉祥图案，下枋采用素平条石堆砌。须弥座前后各有 12 幅（部分图案如图 2-21 所示），左右各有 8 幅，每幅宽 45 厘米，高 42 厘米。雕饰形象有桃树、松树、莲花、梅花、果树等。在很小的空间内，通过线条粗细的变化，纹样的起伏，塑造出强烈的空间感，表现的图案具有鲜活的生命活力。整座大殿基座装饰具有舒朗、庄严和素朴的特点，与基座上繁复的建筑殿壁及木雕等装饰形成鲜明的疏密对比。寺院中影壁的须弥座采用素平条石堆砌，整体形象庄严、宁静。寺庙中的其他大殿的台基则为直方形式。台基艺术是南山寺建筑艺术的组成部分之一，它不仅是建筑装饰的组成元素，同时也是烘托建筑物等级与气势的重要组成部分。

图 2-21　佑国寺大雄宝殿基座束腰部分图案

二、栏杆

栏杆是设置在基座四周或桥面两侧边沿的构筑物，它的功能是防止人从台上或桥上跌落，起到保护安全作用。[6]古代无论是室内还是室外的栏杆，都是木料制作的。古时在台面上直立两根小立柱，柱上搭连一条横木，纵木称为杆，横木为栏，故谓栏杆。但是木质栏杆很容易损坏，所以逐渐用石料代木料，以至于石栏杆成了室外栏杆的主要形式。在建筑上，当某一种新的材料代替了旧材料去制造某一种构件时，这种构件的形式还会相当程度地保留着原来的形式。这种情况同样在栏杆型制演变中也存在。我们称这种存在为形式上的"惰性"现象，只有经过相当一个时期人们自觉或不自觉的努力，才能摆脱这种滞后性而找到适应新材料的新形式。

栏杆在宋代被称为"钩阑"。《营造法式》中记载了两种石栏杆，一种为重台钩阑，二为单钩阑。从钩阑的图样中可以看到：望柱为狮子；望柱有龙纹和植物类纹样等不同式样，同时雕法也有高、低浮雕的区别；望柱柱础为莲瓣装饰。栏杆上的瘿项、云拱两种形式。华板上的装饰更是多样。总之，一般横向的扶手、束腰、地栿等部分不装饰，其余几乎都有雕饰。

不论是简单还是复杂的宋式石栏杆，它们的基本形式仍保留着木栏杆的形式：两边为直立的望柱；望柱之间为栏杆；栏杆最上面为横向的寻杖，也称为栏杆扶手；寻杖之下为蜀柱，蜀柱在两根望柱之间均匀地分布，然后在蜀柱之间安华版。清式的石栏杆相比宋式栏杆有了改进，最显著之处是两根望柱之间的距离大大缩短了，望柱之间只需要一整块石料做成的构件，在这块石板上仍保留了扶手、蜀柱和华板的形式。扶手与栏板之间采用挖空方法。蜀柱与华板形象的石板上用线刻表示。清式栏杆与宋式栏杆相比，既有相同之处，也有不同之处。相同之处为宋式栏杆和清式栏杆在开始和终结的地方多半都附加另外的构件与图案作为引导和收束，常见的就是抱鼓石和云纹。不同之处为清式栏杆应该说在形式上更加适应石料本身的特性，造型上更显简洁、庄重和浑厚。清式栏杆将宋式栏杆的八角望柱改成方形望柱，柱身的雕饰简化为图案形，柱头的装饰加高；将宋式的覆盆莲花座狮子转变为图案化的龙凤、夔龙和云纹的浮雕柱头。

南山寺中栏杆主要位于汉白玉石牌坊前面的旱桥（图 2-22）、影壁前 108 级石阶、善德堂 80 级石台阶和佑国寺三进院高台建筑上都有石栏杆。纵观这些石栏杆的望柱属方形样式，柱头、柱身及栏板的装饰在统一中又有变化。

图 2-22　汉白玉石牌坊前面的旱桥

（1）栏杆的形制。南山寺中栏杆有两种。一种是寻杖栏杆，因栏杆上部置扶手如禅杖而故名。台阶两侧的栏杆所采用的就是这种形制，这种栏杆结构较复杂，雕饰内容较丰富。另一种是栏板式栏杆，给人以简洁大方之感。"工"字平台的正面、主体建筑正对的栏板所采用的是就是种形制。正中间栏板的上方外形吸收如意纹（也称云头纹）造型，外形流畅。以上两种栏杆是由寻杖、地栿、栏板和望柱组成，其柱身截面为四面。

（2）栏杆的望柱。善德堂的80级石台阶两侧望柱装饰主要集中在柱头，其余望柱的柱身和柱头的内容较丰富。柱头样式属复合式，以莲花座或须弥座为柱头的基座部分。雕饰形象既有官式做法柱头（图2-23），如石榴头、莲瓣头、火焰头、素方头、八不蹭；也有地方风格的柱头（图2-24），如仙女、力士、蹲猴形象等。衬托这些不同类型和级别柱头的基座，自下而上雕刻有花纹的方巾，或是连珠纹，或是莲瓣纹，手法细腻，装饰饱满。遗憾的是，人物柱头多有破坏，我们只能从留下的残部作品来领略石雕人物柱头曾经的风采。望柱柱头承载基座有须弥座、莲花座两种。南山寺寺中栏杆望柱柱头须弥座采用束腰须弥座，须弥座四周雕出倒三角形。这个三角形部分叫作包袱角，也称锦铺（图2-25）。这个三角形区域不大，但是雕饰的内容丰富多彩，富有吉祥寓意。其上雕饰纹样主要有植物纹样、器物纹样、云纹三种。整体造型严谨，刻画细腻。植物纹样表现手法包括写实和几何化，纹样构成遵循对称和均衡。纹样呈现向上积极生长之势，生机勃勃。器物以独体纹样和平铺纹样为主，既有写实性形象，也有几何形象。云纹整体造型简约，线条流畅。这些精美的纹样起到了装饰望柱的作用。柱身装饰（图2-26）内容丰富，构图巧妙，手法细腻。柱身装饰采用减地平钑的技法，饰有瓶花纹样、国画纹样、卷草纹样和器物纹样。其中，瓶花纹样和国画纹样较多。瓶花纹样基本遵循对称与均衡的方式进行布局。花材包括菊花、莲花、梅等；花器有双耳瓶、水晶瓶、系帕陶瓶、花觚、陶盆等。瓶口取阔，造型多样质朴。花型有宗教插花、新理念花和文人花。国画纹样则是成幅的花鸟国画装饰于柱身上，纹样运用国画的用笔方式和构图章法，同时结合图案的均衡、节奏的构成方式，组成一种既有国画特色，又有图案装饰效果的新颖纹饰，具有鲜明的图案特色。卷草纹样采用"S形"蔓藤连缀成二方连续。器物纹样则为八吉祥和暗八仙。这些石雕纹样与柱形完美结合，远看优美，近则耐看，体现出因器制宜、因材施艺的装饰特点。这些图案中浸润清代吉祥文化，具有浓郁的世俗审美色彩。

图 2-23　官式做法望柱柱头

图 2-24　地方风格柱头

图 2-25　望柱柱头基座包袱角纹样

图 2-26　柱身装饰纹样

（3）栏杆的栏板。南山寺栏杆中的栏板内容既有儒、佛、道家思想，也有吉祥文化、神话故事等内容。反映这些文化的形象有人物（福禄寿三星、嫦娥、八仙等）、器物（暗八仙，如宝剑、箫等）、珍禽（白鹭、山雀、锦鸡、喜鹊等）、瑞兽（龙、凤、狮子、马、羊、牛等）、祥花瑞草（莲花、竹子、梅花、芙蓉、菊花等）、戏文故事等。栏板中雕饰内容的外框吸收彩画方心盒子造型，如海棠池子等，也吸收须弥座中的壶门造型。无论是柱身图案，还是栏板图案都注重结合器物载体考虑形体表现，图案处理得当，布局适度。栏板上雕饰形象比较的图案有福禄寿三星（图 2-27）。整体图案长约 157 毫米，高约 139 毫米，厚约 13 毫米。福星居中，禄、寿二星相伴两侧。在寿星旁边站有一个持戟侍卫。禄星的一旁站有一个童子，脚踩云纹。三星的人物形象厚重，细节细腻。在福禄寿三星的两侧，是两幅"棋琴书画四长者"，均长约 118 毫米，高约 116 毫米，厚约 13 毫米，刻画了共四个故事，通过细节的差别，来体现不同的情景。"棋琴书画四长者"的边上是两幅戏曲人物图案，长约 153 毫米，高约 90 毫米，厚约 11 毫米，生旦净丑一共十二个人物，生角儒雅文弱、谈笑风生，旦角端庄娴雅、英姿飒爽，净角庄严肃穆，丑角或狡黠或干练。其他栏板上动物形象（图 2-28）、植物形象（图 2-29）丰富多彩，形象逼真，刀工精细。栏杆整体装饰有序饱满，主次分明，文化内涵深刻，具有鲜明的清代纹样装饰特色。

（4）栏杆的装饰特色。栏板的主体形象用高浮雕雕刻手法，形象很突出。除此之外的装饰图案，采用浅浮雕雕出纹饰。栏杆主题突出，层次分明，装饰细腻。这些石栏杆上的雕饰纹饰展示了一幅多种文化同桥并置的情景。这种情景的特殊之处在于题材属性与建筑环境的连接。

图 2-27　栏板图案：三星高照

图 2-28　栏板纹样：龙纹

图 2-29　栏板纹样：一路连科

三、台阶

台阶专供上下台基之用。台阶由一步步踏步组成，并在踏步两边用垂带石作边，如果台基太高，则在台基两侧还专设防护用的栏杆。南山寺台阶两侧防护栏的望柱之间的栏板为斜方形，其斜度与台阶相同。这种栏杆由建筑台基沿着台阶至地面，在护栏最下面的一根望柱由于受到上面栏杆的推力而需要有一种构件加以固定，这种构件就是通常见到的抱鼓石。抱鼓石外形为圆形，上下由曲面相连立于台阶两侧垂带之上，紧靠望柱之外，对望柱起到稳定的作用。由于抱鼓石所处位置接近人的视点，所以往往成了装饰的重要部位。南山寺现存的抱鼓石造型形象基本相似，由鼓心、鼓钉或兽首和荷叶组成，抱鼓石周围空间满布缠枝纹。这些抱鼓石之间的区别如下。首先，佑国寺一进院抱鼓石（图2-30）上有兽首却无鼓钉，而佑国寺二进院（图2-31）、三进院和旱桥上的抱鼓石上有鼓钉却无兽首；其次，抱鼓石鼓心的纹样内容及构成方式各不相同，其内容既有权利和平安象征的龙凤形象，也有象征丰收的麦穗形象，也有佛教圣物莲花形象；最后，抱鼓的荷叶是浮雕，不同于山西民居抱鼓石圆雕造型。遗憾的是，佑国寺一进院抱鼓石兽首的兽头有损坏，笔者只能从残存的四肢形象来研究兽首昔日的风采。

图2-30　佑国寺一进院抱鼓石　　　　图2-31　佑国寺二进院抱鼓石

第六节 掖门

　　游人参观寺院，一般走侧门，以示谦卑、不功高傲慢。南山寺中善德堂大雄宝殿及佑国寺天王殿两侧都有掖门。首先看善德堂大雄宝殿两侧的掖门（图2-32）。掖门从上至下由屋檐、线脚、斗拱、梁枋、门头及门柱角石组成。掖门的屋顶为歇山式，正脊两侧有造型为龙头的望兽。正脊上饰以条状牡丹纹。垂脊上饰有垂兽，垂兽造型与正吻造型相似。掖门门头的梁枋、斗拱、线脚上施以彩绘。梁枋为并列四攒斗拱，其上绘制卷草、花卉纹样，雕饰施以彩绘的鹿、鹤形象。拱眼壁之间饰以桃、葡萄、柿子等折枝水果纹。门柱两侧上方设置盘头与条石，戗板上饰以萝卜与山石、佛手与山石、菊花与山石、梅花与山石、白菜与山石。门柱下方的角石上饰以花卉、柿子、仙桃、葡萄、石榴、葫芦、人物等纹饰。在门头（图2-33）与角石部位纹样（图2-34）的"力势"呈现对称（图2-35、2-36），门头植物生长的态势为积极向上，角石植物枝干向右或向左倾斜呈现均衡之势，形象的动态之间相互呼应。

图2-32　善德堂大雄宝殿掖门（其一）

图 2-33　善德堂大雄宝殿掖门（其一）门头局部

图 2-34　大雄宝殿掖门（其一）角石局部

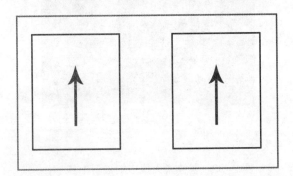

图 2-35　大雄宝殿掖门（其一）门头局部"力势"图

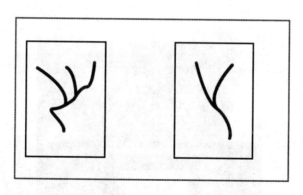

图 2-36 大雄宝殿掖门（其一）角石局部"力势"图

其次来看佑国寺天王殿两侧的掖门（图 2-37、2-38）。它的形式较多形式吸收木门头形式与结构，材料兼容砖、石。佑国寺天王殿掖门自上而下由屋檐、线脚、斗拱、垂花柱、梁柱及门角石组成。屋顶型制和装饰内容与善德堂大雄宝殿两侧的掖门相同。门上方的梁枋上雕饰二龙戏珠与卷草，梁枋拱眼壁中雕饰莲花。左、右两根不落地的垂花柱雕饰精美、细致。门柱下方的角石正面上雕饰立式男、女武将形象，背后雕饰天女散花（图 2-39）、门神（图 2-40）等形象。与五台山普华寺柱角雕饰的人物形象相比，其表情、动作以及服饰刻画生动、自然。佑国寺角石正面上雕饰武将形象以成对形式出现，形象只搭配祥云。立式男、女武将形象身披盔甲，手持武器，英武神勇。男武将形象刻画有三种造型：一种为怒目圆瞪，须发直立，虎视眈眈；第二种为长髯和柳叶凤眼搭配，人物形象慈善俊朗；第三种为眉清目秀的青年武将形象。女武将形象刻画成美人样，气静眉舒，温文尔雅，英姿飒爽。从视觉美感出发，一文一武，有张有弛，自然产生一种韵律感，使画面语言更为丰富。刻画人物的线条刚劲挺拔、曲直对比强烈，使人透过线条可以感受到男女武将形象具有的一种强烈正义感。构图强调均衡对称，饱满紧凑，空白的区域辅以云纹、飘带等形象，画面充满极大的感染力和张力。造型符合"画将无脖"的民间话诀。饱满整齐的构图理念与人们追求"美"和"满"的文化观念分不开，饱满的形象是为了心理的追求上得到满足、圆满，达到祥和的目的。

从以上掖门的型制、材料以及装饰内容来看，掖门雕绘紧密，内容丰富，雕工精细，多有变化，体现出设计者和雕饰者处处追求变化的设计思想。这些华美图案的独特性，会给参观者带来一种持久的回味，在细节处理上折射出庄严富贵的佛教光芒。

图 2-37　佑国寺天王殿掖门（其一）背面

图 2-38　佑国寺天王殿掖门（其一）正面

图 2-39 佑国寺天王殿掖门角石天女散花图案

图 2-40 佑国寺天王殿掖门角石门神图案

第七节　其他

南山寺中除了以上大面积、大体量的应用石雕图案之外，在建筑的其他位置也有石雕图案的应用。

坎墙位于窗户下面的矮墙，不起称重作用。佑国寺大雄宝殿及雷音殿窗户下面的坎墙上，雕饰坐龙、吹箫引凤、嫦娥奔月、挂角观卷等形象。除大雄宝殿窗户下坎墙中是采用中心加四岔角的组成方式外，其他内容的表现多利用桥、山、石、树等形象组织画面，刀法细腻，技艺娴熟。但是坎墙整体雕饰较烦冗，从艺术表现上不够成功。

另外，善德堂大雄宝殿门口铺设有与台阶倾斜方向一致的石制御路，采用高浮雕技法雕饰龙纹。佑国寺大雄宝殿殿前雕饰七只龙纹（图2-41），殿后雕饰五只凤纹。殿前的雕龙石壁长约182毫米，宽约80毫米，四周边框为竹节纹，整幅纹样雕饰七条龙在云中舞动。殿后雕凤的石壁，长约190毫米，宽约82毫米。雷音殿的殿前雕龙石壁上雕饰五龙（图2-42），长约160毫米，宽约76毫米。五龙雕刻在竹节纹组成的大小不同的六边形中，形象威严无比。殿后饰有三只凤纹的石壁（图2-43），凤纹展翅翱翔于云海间，口衔芝云，姿态舒展，形象排列整齐生动。佑国寺中大量龙纹、凤纹的出现，可见建筑的规格之高，寺庙身份之尊贵。

图2-41　佑国寺大雄宝殿殿前的雕龙石壁

图 2-42　佑国寺雷音殿的殿前的雕龙石壁

图 2-43　佑国寺雷音殿的殿后的雕凤石壁

在南山寺中使用石材作为建筑材料的位置和空间较多，主要分布在石牌坊、高台建筑的栏杆与基座、影壁、墀头、角石等处。南山寺石作雕饰虽然使用范围很广，图案造型多端，但其构图与彩画相比则简单许多，一般为简单的皮条线加盒子或海棠池子的模式，如各类望柱、栏板、迎风等，均遵循此法。

前文分析可见，雕饰内容首先以人物为表现重点。其中，以福禄寿三星为重中之重，在石雕装饰中共出在五处，即三摩地门券正面与背面，佑国寺天王殿中间门券的正面、望峰台、二进院和三进院高台下的照壁。其次重点表现瓶花图案。一般瓶花图案出现在望柱和门券上，花器和花材造型各异，几乎无雷同。由此可见，当时南山寺建筑对装饰要求极高。第三是龙纹的大量出现且造型不一，有坐龙、行龙，还有草龙形象，体现出寺庙昔日受皇家礼遇的规格和级别。此外，寺庙装饰中大量出现的植物纹样、动物纹样、故事人物最为常见，但是这些图案的使用缺乏系统性，在安排上显得较为随意，不过都是围绕吉祥文化与五台文殊灵迹的共生幻化来表现。清末到民国中期，社会动荡，南山寺建筑在石雕装饰上下了很大的功夫，大量石材砌筑或雕琢运用，塑造出琼楼仙阁令人向往的佛国境地。

注释：

[1]楼庆西.砖雕石刻[M].北京：清华大学出版社，2011：92.

[2]周祝英.五台山佛寺影壁艺术初探[J].五台山研究，2015（2）：44.

[3]周祝英.五台山牌楼文化[J].五台山研究，2005（3）：30.

[4]楼庆西.砖雕石刻[M].北京：清华大学出版社，2011：64.

[5]闫秋羽.中国古建筑之基——浅析须弥座台基艺术[J].文艺生活.文艺理论，2010（8）：38.

[6]楼庆西.北京：砖石艺术[M].中国建筑建筑工业出版社.2010：131.

第三章　五台山南山寺建筑装饰石雕图案构成与表现

第一节　五台山南山寺建筑装饰石雕图案题材梳理

一、建筑装饰石雕图案题材

南山寺建筑石雕的构思者，结合南山寺敕建目的，依据南山寺佛教文化特色，同时受到时代文化的影响，使石雕形象展现出"树具其形，花展其容，鸟得其姿，兽演其态，人表其情"的特征。根据笔者考察南山寺建筑装饰石雕图案的艺术情况，将雕刻题材分类如表3-1所示。

表3-1　五台山南山寺建筑装饰石雕图案题材的视觉形象分类

雕刻题材		雕刻内容
祥禽瑞兽类	祥禽	孔雀、白鹭、鹰、喜鹊、仙鹤、鸭子
	瑞兽	龙、凤凰、麒麟、狮子、马、鹿、鱼、蝙蝠、羊、牛、
植物类	花类	莲花、牡丹、菊花、梅花、芙蓉、忍冬
	草木	竹、兰草、桃树、松树
	瓜果	桃、佛手、葡萄、萝卜、白菜、石榴

雕刻题材		雕刻内容
人物类	道教神仙	八仙、福禄寿三星、仙人、仙女、力士、门神
	历史故事	三国演义（火烧赤壁、桃园结义、关羽护送皇嫂、三顾茅庐、煮酒论英雄、张飞喝断当阳桥、空城计）、苏武牧羊、挂角观卷（李密）、负荆读书（朱买臣）
	神话故事	《封神演义》故事（诛仙阵、黄飞虎下山、三仙阵、金光阵、万仙阵）、《西游记》故事（猪八戒登仙山、大闹天宫）、天女散花、嫦娥奔月
	其他	《红楼梦》故事（黛玉葬花）、摇扇文官、执鞭武将、高山流水
符号器物类	几何纹饰	连珠纹
	器物	琴、棋、书、画、瓶、暗八仙、八吉祥、炉、鼎、戟、如意、铜钱纹
	文字	福、日、寿
	其他	海水纹、水波纹、火珠纹、云头纹

雕饰图案与构图是石作文化与技艺的核心内容。从表3-1中可以看到，南山寺石作雕饰图案题材主要包括动物、植物、人物和器物，图案内容多为传统吉祥图案、民间传说、儒家文化及文学故事，世俗化倾向明显。它们都具有一个共同的特征，即具有象征化和寓意化的特点。"所谓象征化，是指的尽量使形象成为某种理想的标志。所谓寓意化，是指尽量使形象包含各种人们所希望的某种含义。"[1]这些雕饰图案成为承载民众对美好生活的寄托和祝祷的视觉符号。

南山寺石雕题材以视觉形象作为分类的依据，是对石雕装饰题材的显性形式，即图像的"表层属性"的认知。然而装饰题材并不能单纯依靠"表层属性"存在，而往往采用谐音、象征、变形等构成方式，或单独或组合成为"有意味"的装饰性图像。因此，在对题材进行分类时，还要对题材隐性形式——注重题材的文化意涵分类。五台山南山寺建筑装饰石雕图案题材的文化意涵分类如表3-2所示。

表3-2　五台山南山寺建筑装饰石雕图案题材的文化意涵分类

类别	文化意涵
纳福招财	福如东海、福在眼前、富贵吉祥、平安富贵

续　表

类别	文化意涵
延年增寿	五福捧寿、寿字纹、松鹤延年、寿星
功名节义	封侯挂印、英雄独立、平升三级、清廉高洁、一路登科
多意综合类	二龙戏珠、双凤朝阳、祥云纹、八吉祥、佛八宝、杂八宝、麒麟、八仙、天女散花、琴棋书画、如意纹、莲纹、鹿登梅山

从上述题材分类可以看出，南山寺石雕在题材的运用上表现出显著的趋同性，这种趋同具体地表现为民间吉祥图案的反复运用。需要指出的是，尽管南山寺石雕图案中包含了宝相花、万字纹等具有宗教意味的图形符号，但这类佛教的象征性名物和图案有的与中国人所熟知的象征图形互融为一体。

南山寺内石雕图案中并没有集中体现出某种宗教内容或宗旨，从其装饰视觉形象来看，看到设计者对佛教中花、果与水的理解比较深刻。在佛教教义中有四供养，随后不断增加，在《法华经》中佛教供养有十种（一花、二香、三璎珞、四抹香、五涂香、六烧香、七幢幡、八衣服、九伎乐、十合掌）。此外，六供具中记录一花、二涂香、三水、四烧香、五饭食、六灯明。在《法华经》和六供具中供花是第一位。佛教供花的形式共三种，从佛经上"华笪"（笪，音 jǔ，竹、篾编织的圆形筐）与"华皿"两种装花的器具衍变而来：一为"散花"，二为"皿花"，第三则是"瓶供"。《无量寿经》卷下云："悬缯、燃灯、散花、烧香，以此回向，愿生彼国。"散花成为佛教供养之一。皿花是以"华皿"盛置鲜花或花瓣供之佛前的方法，称之为堆花。"萌芽于东汉的'皿花'图像，历经两晋、南北朝之后，从最初原始的盆栽艺术形象，逐渐被赋予了崇佛礼佛和文人雅士修身养性的文化内涵。"[2]插花古称"瓶供""瓶花""瓶玩"。"'瓶供'在中国载之于史籍的应自公元五世纪的南齐开始。"[3]只是最初的瓶供只能说是将花插在或放在花器中略加整理而已，尚不能到达"插"的艺术性。南山寺的石栏杆的望柱上大量出现"瓶供"，花器与花材多种多样。虽为雕饰花，但采用隐喻的手法告诉人们：花盛开时无偿奉献芬芳，与佛教的布施相吻合；花的凋谢，再次回归大地，告知观者福德轮回、因果循环、生生不息的作用。此外，它也具有庄严佛堂的功能。在清代，种花、赏花成为一种时尚，南山寺建筑装饰中大量应用"瓶供"无形中拉近与信众的心理距离。

老子《道德经》第八章云："上善若水。水善利万物而不争，处众人之所恶，故几于道。居善地，心善渊，与善仁，言善信，政善治，事善能，动善时。夫唯不争，故无尤。"即最高程度的善，如水一样，以柔克刚。"水善利万物而不争"，水的灵活柔软与包容性教导人们以水样的性格去行事做人。水在佛教中代表布施，水有养育滋润之德、清洁之德、流通之德，寓意内心的清净。在南山寺装饰纹样中，水波纹以一组半弧形为单元形进行重复，其上添加浪花，或与莲花等植物相组合，纹样整洁有序。

南山寺石雕装饰形象中大量使用果实纹样进行装饰，表现较多的形象有葡萄和石榴。葡萄晶莹剔透、硕果累累、圆润丰满，象征大智、大悲、大能的美感以及崇拜佛、信仰佛、追随佛、修行佛的功德。石榴在佛教中被神化的形象，常与棕榈、莲花枝叶相组合。雕饰于南山寺建筑上的葡萄纹、石榴纹形象枝叶繁茂，果实饱满，果叶枝蔓缠绕，构图丰满，形象较写实。

此外，在题材中大量出现的民间吉祥、祈福图像也表明了此种创作没有与宗教仪式产生明显客观联系，更不属于宗教行为，因而在对其隐性形式的判断上本研究倾向于将其视作民间吉祥图案。如南山寺建筑装饰石雕图案"吹箫引凤""松鼠葡萄""葡萄纹""石榴纹"等图案并未因意涵而受到限制。通过笔者对与南山寺同一时期的寺院石雕题材的观察，形成了两条基本认识：一是寺院在石雕塑造中尽管大量运用民间吉祥图案，但对于触及佛教戒律的吉祥图案（如"情恋"意涵）还是有所规避的；二是石雕艺术对寺院而言除了装饰功能之外，还有重要的宣传功能。如"苏武牧羊""孟母择邻"等内容。建筑装饰石雕整个分类中并未见到明显"宗教宣传"类型，对于南山寺建筑装饰石雕的题材选择的个性耐人寻味，值得认真思考。

二、造物思想与文化内涵

南山寺石雕的制作者基本上为民间手工艺人，石雕图案创作是一种精神性生产活动，受到佛教文化、时代文化和制作匠人文化观念的影响，石雕装饰纹样与民间社会意识关系最为直接和密切，凝聚大众的观念意识和价值取向。前文仔细分析南山寺建筑装饰石雕的分布特点，并对南山寺建筑装饰石雕图案所属的装饰空间予以关注。在系统考察与分析的基础上从"民间造物"的视角对研究对象造物思想与文化内涵予以归纳。南山寺石雕艺术作为综合性民间造物艺术，其题材与内容蕴含着极为丰富的造物思想与文化内涵，体现出功利性、稳定性、随意性和融合性四个特征。

（一）功利性

张道一先生在《张道一论民艺》中说"生活的和精神的直接需要是民艺产生的动因。"而"民间美术活动实质上乃是种在精神领域中追求某种功利目的的活动"[4]。如民间美术中的恒长主题、生命繁衍、招财纳福以及驱邪禳灾的主题思想中是具有一定功利目的精神实践，渗透了文化因素的生命意向。南山寺石雕通过材料与象征符号的设计组合，传达围绕"恒常的主题"为核心的现实需要与生活理想，概括起来为求生观念、趋利观念和弊害观念，即民间传统文化的实用理性精神和现实价值观照。

造物艺术是人类创造活动中的一种重要形式。人类文化分作物质文化和精神文化，民艺介于二者之间，或是物质文化和精神文化之上的综合性文化。它一开始便是从实用开始的。在实际应用中，逐渐产生了审美意识。因此，民艺是实用与审美的统一，可以称之为"本元文化"。[5] 南山寺石雕艺术创作是吉祥文化、佛教文化和人的主体意识的物质化，是实用功能与审美功能的统一体。民间美术的实用形态决定了民众对美的认识价值观念具有功利性。因此，人们在生活主题暗示思想的驱动和约束下，将现实需要和内心需求转化为审美的形式，成为生活的一部分。纵观南山寺石雕，在内容上还原到与现实生活原型重合，即在"求生""纳吉""幸福"等朴素意义上的本能需要。南山寺装饰设计理念转化成图形符号的结果中，突破佛教教义束缚，体现强烈的趋利倾向，可以说其石雕图案具有"本元文化"的特征，同时造物活动中将精神内涵体现社会不同阶层生存发展的内心诉求。

（二）稳定性

南山寺石雕在题材上虽涵盖"天"—"地"—"人"—"神"—"器"五个范畴多种物象。但多样丰富的形式内容，仍统一于中国民间艺术中的"恒常主题"，即吉祥文化的范围之内。南山寺建筑装饰石雕艺术以民间的吉祥文化为思想内核，其石雕构件形制与雕刻工艺可以在古代建筑的营造法度中找到起源。因此，装饰图案的"主题思想"与"造型方式与工艺方法"具有稳定性。

无论是《尚书·洪范》中的"五福"中关于"寿""康宁""富""考终命"的内容，还是张道一先生总结的"福、禄、寿、喜、财、吉、和、安、养、全"，这些观念是民众对自身幸福生活的界定和认可。这种文化心态是民众对以生命存在为核心的自然要求的肯定态度，反映的是他们对生命存在的完美性、自由性和永恒性的强烈向往。[6] 南山寺在扩建过程中，南山寺石雕装饰价值图案"恒常的主题"的表现与民众的审美情感、审美标准需要相契合，因此其装饰图案内涵具有稳定的特征和风貌。多种石雕工艺综合应用，在完成审美对象的同时，实现了传统工艺的继承和创新。工艺在认识和使用过程中充满传统思维观念，在反复使用中加强实践能力，工艺文化不断积淀和传承，在工艺内部具有稳定性。

（三）重合性

南山寺石雕在造型观念体现的功利性，造型观念内核与工艺技术的稳定性，是造型重合性的根源与保证。重合性主要是指图案的设计与组合上包含多种文化内涵，如儒、释、道及吉祥题材的有机组合。图案雕饰中紧紧围绕装饰位置，内容组织具有个性化特点。这种重合性使得各种图案形态具有深厚的文化内涵。民间造物艺术创作并非单纯实用物象的创造，它是在尊重和肯定人心灵的内在要求基础之上，超越科学理性，赋予民间造物极大的人情味和亲和性。民间工匠在主观的、合目的的功利性的心理作用下，造型过程中充分尊重特定场域视觉需求的基础上，突出主体设计思想，超越具体形态的制约。南山寺石雕纹饰、题材的组合中，集中展现同种题材与形象代表不同含义，实现用最少的形象创达最优的文化传播效果。在石雕图案设计中可以出工匠们"尊重主体的心灵要求，按照自己的审美理想重新组织安排客观现实世界事物的存在状态，使它们转化为功能目性的存在，并赋予客观物象以主体的灵性和精神"[7]。当然，这种一幅图案具有包含多种内涵，一方面要工匠要尊重社会对某一符号的约定以及社会使用习惯；另一方面，工匠自身需具备高超技艺、匠心独运塑造形象能力，多方位诠释设计主题的情感与理想。

（四）融合性

中华文明发展进程的整体态势呈现"开放"与"兼容"的态势，也是中国佛教文化发展的基本特征。佛教文化在发展过程中的主要有两方面的特征。一方面作为外来宗教的佛教，在中国的发展历程中，其宗教艺术的形式与中国传统文化、思想与观念的相融合，形成具有中国化特征的佛教美术。在南山寺建筑装饰石雕艺术中，这种融合表现为：一是具有佛教特色图案逐渐被吉祥图案所取代，最终民间吉祥图案成为佛教建筑装饰领域的主要角色；二是宗教场所的装饰由以民间美术为手段逐渐转向以民间美术为主体。在这一过程中，佛教文化象征与中国民间吉祥文化象征外在形式实现融合，使民众趋吉观念与对神灵的信仰合为一体，代表不同文化象征图形的内涵更为丰满。另一方面，民间美术从装饰的手段转变为主体形象，实现多元文化共处同一空间，使佛教教义更加深入人心。出现在宗教产所的图案，搭建了民众从现实性通往心中向往世界的精神桥梁，成了渡向幸福彼岸的"精神之舟"。

南山寺石雕在题材与内容上体现的四个特征，本质上是民间造物理念在寺院建筑装饰实践中的延伸。这种延伸并非简单地重复，而是在把握"一脉相承"的基础上，强调个性化的外在表现形式。在内容、观念、工艺的继承与创新中，形成了民间造物系统与南山寺建筑装饰石雕相互关联性。

第二节　五台山南山寺建筑装饰石雕图案构成形式

图案的构成方式有单独纹样、适合纹样和连续纹样三种。"单独纹样是组成图案的基本纹样单位，它具有相对完整性和独立性。它本身没有重复，没有连续，不和别的图案发生联。"[8]其组织形式有对称式和均衡式两种。"适合图案是受一定外轮廓制约的图案构成形式。它是将图案素材依据一定的组织方式，使其完整自然地适合于一定外形的方法"[9]适合纹样要求纹样的提取与设计可以抓住表现对象的特征，在组织形式上流畅自然，体现出严谨的设计特征。适合纹样可以分为形体适合、角隅适合、边缘合适三种形式。采用的骨式主要有离心式、均衡式、对称式、旋转式四种。纹样内容有一种物象，也有两种、三种物象共同组成。其常常装饰于工艺美术器型、传统服饰等形象上。连续纹样分为二方连续和四方连续。二方连续为带状的一种连续纹样，将一个或数个单独纹样向上下、左右和环内前后连续排列而形成的纹样。四方连续是由单独纹样按照一定的图案组织形式，上下左右连续循环排列所产生的图案，常用的排法有梯形连续、菱形连续等。

从图案构成形式上来分，南山寺石雕建筑装饰图案主要有适合纹样和二方连续纹样两种。适合纹样外形主要有线刻长方形或正方形海棠池子、长或正方形外框、三角形和不规则形等。二方连续纹样采用的散点式和波纹式。丰富多样的构成形式在变化中寻求统一，装饰纹样依据建筑构件外形，灵活变化和设计，审美形式上迎合了充满生机的自然之美。由于南山寺建筑装饰纹样类型丰富，笔者将以石雕图案题材为切入点，分析不同纹样的构成特征。

一、植物纹样构成

（一）折枝类适合纹样

南山寺建筑装饰石雕的折枝类适合纹样分为填充纹样和角隅纹样两种。寺内的填充纹样主要出现在栏板、望柱、迎风、墀头、抱鼓石鼓心上。其题材包括桃枝、萝卜、莲花、梅花、葡萄、兰草、松树等。栏板上植物构图与台阶向上的趋势一致。在植物纹样生长方向上，注重取"势"。构图以均衡为主，也有对称性表现。望柱上植物生长方向垂直向上，整体构图为相对对称或均衡式。花头的处理方式有写实手法，也有几何化手法。迎风和墀头的植物纹样取表现物象的生长状态，整体构图属垂直式，纹样结构为均衡式，图案组织效果饱满。

填充纹样的外形主要分为几何形和人工形。几何形分为长方形、正方形、圆形、三角形、四边形；人工形分为异形和两种线刻海棠池子，共 8 种。图 3-1（a）、3-1（b）为栏板上均衡式植物纹样。图 3-1（a）中，青菜以菜梗为中心，模仿植物自然生长态势，在画面有序安排叶子的方向及大小。为了使青菜符合台阶向上的态势，加强了右上方叶子的面积。纹样占据画面的 2/3 面积，整体画面疏密节奏明显。纹样形象既满足了特定空间装饰需求，也使观者在登台阶欣赏图案时，视觉上感觉舒适。图 3-2（a）与图 3-1（a）的构图安排基本一致，折枝右上方枝干粗细、密度以及果实和叶子都比左下角多，在视觉观感上，右上角比较突出，正好与台阶上升的角度相符，符合人们观看事物的规律。图 3-3（a）为栏板上对称式植物纹样构图，选取花头的正面，并将花瓣进行平面化处理，在花瓣的四周添加藤蔓，弥补平面花瓣造成的画面呆板感，使图案在稳定中增加动感，丰富图案的表现效果。图 3-4（a）为折枝花图案，一枝花呈对角线方式向左上方倾斜，主干枝两侧分布叶和花，保持视觉上的平衡。叶为图案的主体，保持写生的枝叶状态，主体突出，形象舒展，纹样错落有致，具有较强的运动感。图 3-5（a）为栏板折枝花纹样，尖形花瓣，片数为四瓣，花朵外形呈平面俯视造型，呈放射状，花蕊为圆形，图案采用旋转发射形式，画面运动感十足。图 3-6（a）为望柱上瓶中插荷花的图案，构图为相对对称，花瓶造型为绝对对称。瓶中插三枝荷花和两枝海草。左边花头为花蕾，中间和右边的荷花盛开，并且中间荷花茎上有硕大、圆润的荷叶。三枝荷花的花茎藏在荷叶后面，海草左右呼应。图案整体结构稳定，节奏匀称。图 3-7（a）为梅花与山石的组合纹样，纹样采用均衡式，突出表现梅花树干，树干下面的山石高高低低，树干上雕饰梅花，三朵、五朵为一个单位，在山石、树干及花瓣上利用短线刻画物象的肌理，整组造型表现出梅花的形态美。图 3-8 和 3-9 同为墀头垂直性构图纹样，纹样外形都为长方形。图 3-8 纹样下方是造型奇异的山。山上梅花树枝粗壮，梅花枝之间互相交错，梅花点缀于树干上，树下有一只上山鹿。图案整体形象有上升质感，形象完整，构图饱满，层次清晰。图 3-9 为白菜形象，白菜长在石头之上，菜叶有叶脉的雕饰，整棵白菜舒展，前后层次清晰，充满生机。

 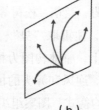

（a）　　　　　　　　　（b）

图 3-1　均衡式植物纹样构图：青菜

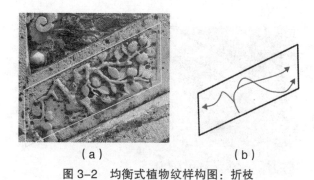

（a）　　　　　　　　　　　（b）

图 3-2　均衡式植物纹样构图：折枝

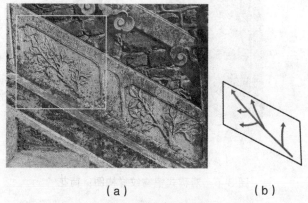

（a）　　　　　　　　　　　（b）

图 3-3　对称式植物纹样构图：花瓣

（a）　　　　　　　　　　　（b）

图 3-4　对称式植物纹样构图：折枝花

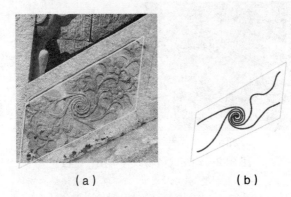

（a）　　　　　　　　　　　（b）

图3-5　对称式植物纹样构图：折枝花

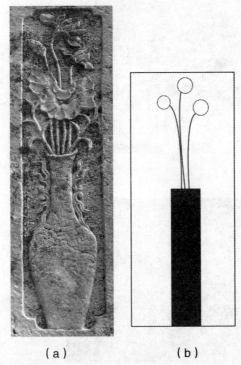

（a）　　　　　　　　（b）

图3-6　对称式植物纹样构图：荷花

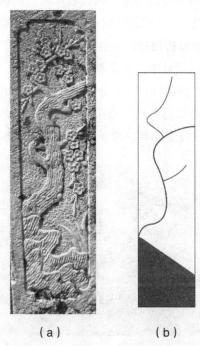

（a） （b）

图 3-7 均衡式纹样构图：梅花

图 3-8 墀头垂直式纹样构图：梅花   图 3-9 墀头垂直式纹样构图：白菜

　　南山寺内角隅纹样主要出现在影壁、抱鼓石周围、栏板、门券上。其装饰题材包括忍冬、牡丹、仙桃、香瓜，全部为对称式构图。牡丹隅饰纹样有两种，其造型均为中心对称方式。第一种以折枝牡丹纹插入花瓶中，如图3-10所示，较为写实的枝、叶缠绕在一起，花头点缀其中，花瓣卷曲，叶子舒展，枝干粗壮有力，整体饱满圆润，富有生命力。第二种为牡丹与忍冬纹组合纹样，如图3-11示所，以牡丹花头为中心，左右对称布置卷草忍冬纹。花头呈含苞欲放状，四片花瓣包裹花蕊，四片花瓣向下展开，卷草忍冬枝蔓粗壮，叶子卷曲饱满，充满生机活力。

图3-10　门券上的瓶花牡丹纹

图3-11　栏板上的牡丹纹

（二）卷草类适合纹样和二方连续纹样

　　南山寺建筑装饰石雕的卷草类适合纹样分为填充纹样和角隅纹样两种，卷草类二方连续纹样集中在边饰纹样。南山寺内卷草类纹样主要出现在栏板、望柱、抱鼓石周围上。其题材包括忍冬、葡萄等。图3-12为栏板上卷草类适合纹样，选取束腰忍冬纹，两枝忍冬纹采用相对对称的形式，枝叶卷曲，动势十足。图3-13为束腰忍冬纹，整体纹饰遵循对称式造型，两叶相对，两叶相被，叶片饱满，藤蔓、叶子卷曲自然，形态不一。

图 3-12　束腰忍冬纹

图 3-13　束腰忍冬纹

　　忍冬角隅纹样分为束腰忍冬纹（图 3-14）和卷草忍冬纹（图 3-15）。其中，束腰忍冬纹属多叶型，忍冬纹在三角形的中轴线左右对称，花蕊周围用两片花瓣在花的尾部组成扇形，形成视觉中心点，叶型较细，曲线流畅，饱满自然。卷草忍冬纹以栏板中间坐龙为中心，遵循不规则边角形状，以枝蔓为主线，左右分别排列卷叶，纹饰繁复，疏密感较强。

图 3-14　束腰忍冬纹

图 3-15　栏板上的卷草忍冬纹

　　南山寺内二方连续边饰纹样集中在栏板和影壁壁心的四周，纹饰按骨式分类分为波纹式和垂直式两种。波纹式有三种，全部为有顺序排列。其主题主要是忍冬、卷草、葡萄、莲花和四瓣花等。垂直式分为两种：一种是中心对称的安排单元纹样，一种是从起点以单元基本形进行纹样排列。这两种以纹饰以蔓草藤作为单元形之间的联系，使边饰纹样曲线与轮廓线的直线形成曲直对比。

　　（三）几何化适合纹样

　　南山寺建筑装饰石雕的几何化纹样，主要出现在抱鼓石鼓心上。其题材主要为莲花。纹样采用中心发射（图 3-16）和旋转发射（图 3-17）两种骨式。纹样设计灵感来源于正面俯视莲花的结构形式和莲花花瓣边缘线作为发射的基本形。

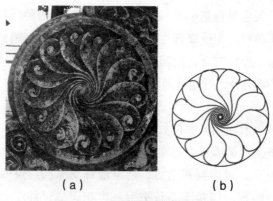

（a） （b）

图3-16 旋转发射式莲花纹样

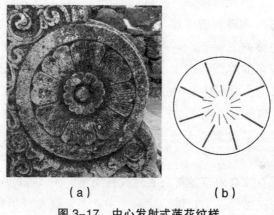

（a） （b）

图3-17 中心发射式莲花纹样

二、动物纹样构成

在我国浩如烟海的装饰纹样中，动物纹样占了相当比例。南山寺建筑装饰石雕中动物形象众多，纹样形象表现既有具象手法，也有抽象手法。从动物纹样组成内容来看共有三种形式：一是独体形象作为图案主体，二是两只相同动物作为图案主要内容，三是不同的两只动物组成纹样主体。这些形象从组织形式来看，主要集中在适合图案。此外，同种动物形象，由于雕刻位置的不同，采用的表现手法也有所不同。

（一）独体形象图案构成

南山寺独体图案构成的形象主要有龙、凤、麒麟、狮子。其构图形式均为均衡式，骨式为独立式，适合外形主要有圆形、方形、六边形、三角形及异形。

1.龙纹

南山寺中龙形象主要包括坐龙、行龙、云龙和草龙四种。其纹样构成形式有适合纹样和边饰纹样两种。无论雕饰在何处的龙纹，都注重刻画龙头、龙躯体的造型特征，注重与装饰外形相契合，图案整体形象饱满、威严、灵动。寺中龙纹雕饰手法有高浮雕、浅浮雕两种，对龙鳞形状的刻画表现手法具有差异性，一种是似鱼鳞，一种是格子形。

在龙纹组图中，图3-18中长方形内适合龙形象，采用一中心四岔角的构图形式。一中心为坐龙占据圆形主体画面，龙周围饰以云纹。坐龙采用高浮雕手法，龙角垂立，龙须直立，眼睛凝视前方，通身雕饰龙鳞，形象惟妙惟肖。龙躯体穿梭在云海中，时隐时现。四角隅龙纹造型基本相同，只是左上角和右上角的龙纹从面积上大于左下角和右下角的龙形象。隅饰行龙注重头部刻画，躯体设计成"S"形，具有强烈的运动感和均衡感。龙纹四周同样饰以云纹，以使龙隅纹饰构图与形象饱满。整个图案动静相谐成趣。从纹样形象的组成来看，无论是坐龙还是行龙都有云纹衬托主体的龙形象；同时云纹与龙躯体的相互遮挡表现空间层次和深度关系，显示了寺庙的尊严和威仪。图3-19为栏板上游艺与云纹中行龙的形象。构图为水平斜上布局，龙躯体呈"S"形并饰以龙鳞，周围饰以云纹。龙纹整体舒展，疏密有致，充满生气。图3-20为栏板上草龙形象。纹样将龙尾、龙爪与卷草巧妙结合，形态轻盈活泼飘逸生动，姿态流畅自如。草龙形象是将龙纹抽象化表现，将龙躯体与卷草巧妙结合，增加纹样的柔和美，避免纹样的呆板。南山寺中出现在栏板与抱鼓石鼓心的草龙都突表现线性美感。图3-21为边饰纹样。边框的上边、下边中心为正面的龙头，围绕这两个中心点依次布置相对运动的两条云龙。左、右边框同样饰以相对运动的云龙。边框周围空白处雕饰祥云。从雕饰的形象来看，抓住龙头和龙躯体的运动姿态；从纹样安排的位置来看，遵循对称式，整体纹样充满动的节奏感。

图3-18 龙纹

图 3-19 栏板上的行龙纹

图 3-20 栏板上的草龙纹

图 3-21 龙纹边饰

2. 凤纹

南山寺中凤形象姿态主要有飞翔、舞动两种，其纹样构成形式有适合纹样和边饰纹样两种。寺中凤纹雕饰手法有高浮雕和浅浮雕两种，注重刻画凤头、凤尾的造型特征，巧妙处理形象与装饰外形契合性。图案整体形象灵动、飘逸，动感十足。

在凤纹组图中，图 3-22 为抱鼓石鼓心上的凤纹样。纹样中，凤作回首飞翔姿态，周围饰以云纹。凤头饰长冠，嘴为勾喙，眼呈菱形，鹤颈、鹤羽、鹤腿，简化尾羽表现。纹样上穿插的祥云，增加了凤纹的气势和动感。图 3-23 为栏板上的凤纹形象。凤纹作回首翱翔的姿态。头饰长冠，嘴吐如意祥云，翅膀作张开状，尾羽分三歧。整个纹样向右上方运动，在曲线辅助下生动地表达了凤鸟运动姿态，展示出无限的生命力。图 3-24 为双凤朝阳图案。整组纹饰为对称式构图。门券中央雕饰山石。山石上长出双枝牡丹，并盛开硕大的两朵牡丹花。牡丹上方雕饰圆形，寓意太阳，在圆形中书写"日"字。两边有两只朝太阳飞翔的凤鸟。凤头似鸡头，头饰长冠，嘴衔折枝牡丹，鹤颈、鹤羽，尾羽分五歧。整组纹饰重点刻画凤鸟飞翔的动作，对凤的羽毛作精致的雕饰。这样的处理方法，一方面可以使参观者在较远的位置看到凤鸟的姿态，走到门券下面，人们从下往上看时，先看到刻画精细的凤鸟的翅膀，处于图案的上方尾羽，只刻出其轮廓线，处理简约，这样的处理方法一方面关注人的视觉需求；另一方面使纹饰虚实明确，层次清晰。图 3-25 为高台下面照壁的角隅纹样，属均衡式构图。凤鸟头向上，嘴吐出祥云，翅膀张开，尾羽分五歧并作向上翘立状，周围饰以祥云。凤凰占据纹样的主体部分，形象突出，构图饱满。

图 3-22　抱鼓石鼓心上的凤纹

图 3-23　栏板上的芝云翔凤纹

图 3-24　门券上的双凤朝阳纹

图 3-25　隅饰凤纹

3.麒麟纹样

麒麟，有祈福、安佑的吉祥寓意。在南山寺建筑装饰中多雕饰行走中的麒麟形象，主要表现"麟吐玉书"主题。麒麟形象特征为前额宽阔、头上雕饰鹿角、牛耳、虎眼，躯体为鹿身，四肢为马蹄，狮尾，通身雕饰鱼鳞，腿上雕饰火焰，狮尾。《名山藏》记载："孔子将生，有麒麟吐玉书于阙里（在今山东曲阜孔庙东墙外），圣母以绣系麟之角。"在文庙、学宫中，饰有麟吐玉书装饰图形，寓意祥瑞降临、圣贤诞生，同时也包含有旺文之意。图 3-26 中同一块栏板上分饰两只麒麟，左边麒麟回首眺望，右边麒麟昂头向前走。它们姿态从容，口吐祥云，祥云之上托玉书。这两幅纹样采用独立骨式，纹样分布疏密合理。图 3-27 纹样同样表达了麟吐玉书的主题。此纹样采用竖构图，纹样上方有接近 1/2 的画面中表现祥云，祥云下方为头回望并向上昂起的麒麟，口吐玉书，脚踩仙山，形象刻画栩栩如生。

4.狮子纹样

南山寺内的狮子纹并不多，主要为狮球纹，共有两种形象组合：一种是一只狮子戏球，另一种为双狮戏球。图 3-28（a）的上面的图中雕饰一只狮子戏球的场面，狮子凝视前方，口衔飘带，脚踩绣球，狮子形象威严。图 3-28（b）中雕饰两只狮子嬉戏的场面，它们口衔飘带，头向下相对追逐绣球，形象英武而活泼。

图 3-26　栏板上的麟吐玉书纹样（一）　　图 3-27　迎风上的麟吐玉书纹样（二）

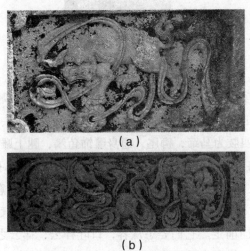

（a）

（b）

图 3-28　栏板上的狮子纹

（二）动物组合纹样形象构成

南山寺寺内动物组合纹样主要有两种组合形式：一种为同种动物表现在一幅画面中，采用水平构图，如两匹马、两头牛、两只鹿、两只羊等，它们在同一构图中姿态不同；第二种为两种动物组合，选用竖构图，两种动物一上一下，体量相当，或一大一小。图 3-29 为栏板装饰纹，线刻海棠池子内雕饰相背双马，左边马低头寻觅，右边马回首并向上昂起，眼睛凝视天空。马背上方饰三朵云纹。整组纹饰形象生动，主体形象突出。图 3-30 为迎风的雕饰纹饰。图 3-30（a）纹样上面雕饰一只叼灵芝的仙鹤，翅膀雕饰细腻；下面为背驮玉书的麒麟，头部刻画精彩，通身饰鱼鳞。珍禽瑞兽在云纹的陪衬下，鲜活飘逸，威风凛凛。图 3-30（b）中主体纹样为大象驮宝瓶，四蹄粗壮，象征国家稳如泰山、河清海晏、民康物阜。宝瓶上方雕饰云纹，右边雕饰一只向上飞翔的蝙蝠，构成"福从天降"的吉祥图案，寓意福运临门。

图 3-29　组合马纹样

（a）　　　　　　　　　　　　　　（b）

图 3-30　迎风上的动物组合纹样

　　动物图案造型按照一定的规律进行变化，纹样内容围绕表现主体形象，添加主体形象生存环境，或添加丰富的情节内容。在主体形象表现中，抓住动物极富特征的姿态，适度夸张，有效地表现出不同动物的神韵。

三、人物纹样构成

南山寺中大量出现的以写实为主的人物纹样，其构成形式主要有四种：第一种是借鉴国画卷轴的样式进行人物形象的分布，呈水平式构图；第二种是借助景物、云纹等形象进行情节性人物故事的表现，呈立视体构图和组合式构图；第三种是根据诗词、小说场景等内容进行组合式构图表现；第四种以人物为中心，适合圆形和方形，形成适合式构图。

（一）水平式构图

水平式构图，纹样人物按照从左向右、从中间向两侧一字安排人物，呈现水平构图展开，观者视线会跟随构图安排浏览整个画面。图 3-31（a）为望峰台上面积最大的栏板。作为人物题材的栏板，刻画最精致。整幅纹样采用对称式构图方法，人物之间的间隔基本相等。人物处于同一水平线。中间福星体型最大，位置最高，向左移动安排寿星和武将，向右移动安排福星和仙童。人物比例按照身份进行安排，错落有致，人与人之间通过飘带产生联系，纹样呈现出稳定美和秩序美。此外，人物脚踩的云纹拓展了纹样空间和观者的视野。下部云纹稀疏，上部云纹较密，疏密感不同，给人一种上升之感，使纹样中的三星、武将及仙童仙气十足。纹样主体人物形象突出，主题鲜明。图 3-32（a）描述内容为穆桂英挂帅。石雕位于望峰台北端，构图属于相对对称。从人物比例上来看，穆桂英最高。石雕纹样人物分两组设置，共有帅、将、兵三种身份人物。穆桂英身穿戎甲，左手握剑向上举起，右手握剑指向左下方，头向右侧微微倾斜，给人一种临危不惧、沉着冷静质感。文官模样的帅，眼睛凝视前方，表情泰然自若、气定神闲、运筹帷幄，左手叉腰，右手握令旗。武将手握枪、鞭、剑、短刀、斧各种长短兵器，已经做好随时出征的准备。大帅右侧的传令兵左手叉腰，右手紧握令箭，准备随时传达命令。六位不同身份的人物安排在一条水平线上，人物之间无重叠、高低错落，形象动作、衣饰各不相同，凸显每个人物的个性特征、性别特征和身份特征。人物上方一字排列饰以祥云。整体纹饰通过人物的动作使人物之间产生呼应，画面结构稳定严谨。图 3-33（a）为琴棋书画四长者。纹样中四长者骑在马上，表现出心无旁骛、心平气和、不疾不徐、平易恬淡的状态。书童则分别牵马、紧随长者后面、抱画和挑书。每组纹样中人物分两组安排，人物相对而行，中间利用树作为画面的连接点，人物周围雕饰云纹。琴棋书画是古代四大传统艺术形式，它们是古代文人雅士生活的重要元素。这些技艺可以陶冶情操，使人高雅、富有情趣。图 3-34（a）表现的是一幅战斗的场面，画面以中间的桌子为分割点，左右分别安排两组人物，纹样中十位人物身穿战甲。他们或手握兵器、令旗和帅旗，或手握战甲，做出巡视状态。最中间处于交战的将领是纹样的视觉中心点，雕刻者重点刻画人物动作，让观者深刻感受到战斗场面的激烈。整幅纹样人物形象鲜活，动作特征刻画准确。

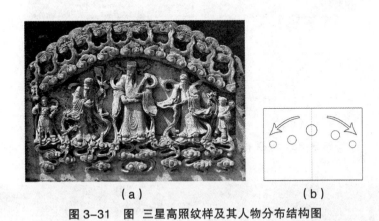

（a） （b）

图3-31 图 三星高照纹样及其人物分布结构图

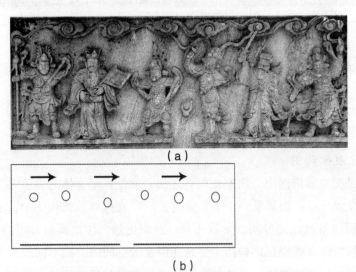

（a）

（b）

图3-32 穆桂英挂帅纹样及其人物分布结构图

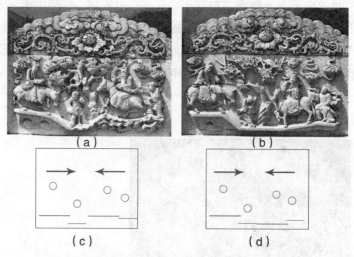

图3-33　琴棋书画四长者纹样及其人物分布结构图

图3-34　石桥残件戏曲人物纹样及其结构分布图

（二）立视体构图

立视体是把九宫格向上、向左或向右立起，就像一个立体的鸽子笼一样，然后在地盘上按位置、布局把形象一个个安放进去。[10]在这样装饰构图中，不注重画面深度的表现而注重画面的分割、位置布局、面积比例，注重画面理想的装饰效果。南山寺中建筑装饰石雕立视体构图主要是在限定的空间内，把不同故事中的人物形象与景物刻在一幅纹样之中，一般符合人们视觉观看的移动规律。首先，立视体构图适合外形为长方形；其次，立视体构图人物的布局安排，主要借助建筑、楼梯、台阶、树、山坡、山石以及祥云等形象，对画面人物所处空间进行分割和连接，使画面丰富复杂的内容可以表现得有条不紊，同时也可以使画面中表达的故事层次清晰。这样的处理方式不仅可以突出视觉中心及人物形象，也可以使画面语言具有立体感。

图3-35中表现了八仙中的吕洞宾、钟离权、铁拐李、曹国舅四人形象。吕洞宾身背宝剑坐于仙石上、钟离权手握宝扇站于仙石上、铁拐李挂铁拐站立、曹国舅手持玉板站立，人物周围雕饰祥云，画面浑然一体。纹样中人物、景物未产生透视变化，不受空间限制人物动态刻画细致，借助山石、云纹，将处于不同位置的人物有机组合在一起，形成完整的人物图案。图3-36雕饰《西游记》故事情节。人物分为两组，上方为托塔李天王、孙悟空，下方人物正在战斗。纹样借助祥云将画面组织为一体，通过上方人物头倾斜的角度，引导参观者从上往下观看故事情节，打斗场景刻画惟妙惟肖。图3-37中人物分为两组，利用帷幔、山石、台阶进行画面组合。两组人物构图呈三角形，纹样结构具有稳定感。雕刻者通过人物衣饰细节（帽子、衣服布料花纹）表现人物的年龄、性别和身份差异。纹样中对人物服饰衣纹结构刻画细致，人物活灵活现。图3-38刻画的民间传说故事——吹箫引凤。纹样中凤鸟位于上方，占据1/2画面。人物位于下方，箫史教弄玉吹箫，引来了凤凰。纹样中凤鸟双脚直立，把头弯到腿间，造型十分夸张，富有烂漫主义色彩。图3-39（a）为三摩地门券上的人物雕饰。这组雕饰以寿星为画面中心，共刻画13组人物，表现27位人物形象。纹样人物表情、衣饰纹样、服饰衣纹刻画细腻，人物动作刻画精彩。整组人物利用手中的法器以及云纹连接画面不同形象，将寿星、八仙和仙童有机组织在特定空间中。

图3-35 八仙形象纹样　　　图3-36 《西游记》场景纹样

图 3-37　人物纹样　　　图 3-38　吹箫引凤纹样

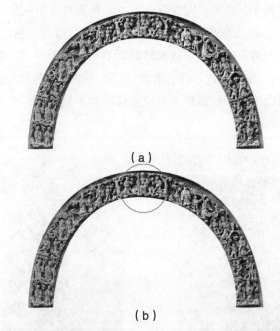

图 3-39　三摩地门券上的人物雕饰及其人物分组结构图

（三）组合式构图

组合式构图具有烂漫主义气质，表现形象依据主题的需要，不受现实生活的制约，将体现主题的多种形象组合在一起。在图案组织方式打破时间、空间、结构、比例关系的限制，而且不受表现对象的特定位置和环境的束缚，重点关注形象组织的主次、对称、均衡的形式法则的应用。图3-40描写的是唐代诗人贾岛《寻隐者不遇》中"松下问童子，言师采药去。只在此山中，云深不知处"的场面。画面上方的松树由多个一簇簇圆形松针和松果组成，松树下面是一位拄着拐杖的长须老者，一位是左手提篮、右手指路的书童。整个画面叙述性较强，疏密安排有序，和谐、完整。图3-41中表现坐在山石上吹笛、静听、弹琴、弄箫的四位仙女形象，她们衣饰飘飘，神情自若。整幅图案利用左边松树、右边桃树向中间生长的姿态，与山石配合形成人物表演的空间，画面中间利用松树将独立的两幅画面联系在一起，使画面构图连贯、自然流畅。此外，组合式构图可以是多幅独立完整图案，按照装饰空间与位置有节奏的布置。这些图案虽然内容独立，但是组织结构具有联系。图3-42为栏板地栿上装饰的八仙形象。每组雕饰上有两个人物，人物之间利用桃树、垂柳进行相隔。纹样中人物占据面积较大，选取八仙的典型动作和法器组合塑造八位神仙不同的动作与神态，将人们想象中的八仙形象鲜活地刻画在栏板上，惟妙惟肖，呼之欲出。

图3-40　松下问童纹样

图3-41　吹弹乐器的仙女纹样

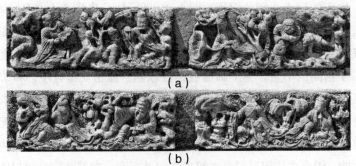

（a）

（b）

图 3-42　八仙形象纹样

（四）适合式构图

适合式构图是指表现形象要与适合的外轮廓高度契合，布局匀称，表现流畅。南山寺人物适合式构图以人物为主体，为适应圆形和方形设计添加其他物象，使纹样饱满，结构严谨。图 3-43 中主体形象为眉开眼笑的寿星。寿星上面雕饰松树，左边雕饰梅花鹿，右边雕饰仙鹤，内圆雕刻云纹，四角饰以飘带缠绕的琴、棋、书、画形象。寿星纹饰适合方形，纹饰形象穿插自然，内部结构与外形巧妙结合，高浮雕与局部透雕充分表现人物与周围起伏变化的关系。纹样雕饰巧妙利用空间叠错结构，形成浓缩的空间深度和强烈的视觉冲击力。图 3-44 中采用高浮雕雕饰福禄寿三星。福星位于画面中间，左边寿星，右边福星。福禄寿三星脚踩祥云，他们神态各异，福星庄重、禄星矜持，寿星欣喜。三星采用高浮雕，隔饰以浅浮雕如意纹。纹饰将高浮雕和浅浮雕技法有机结合，给观者以强烈的视觉冲击力。

南山寺中石雕人物图案中的组合构图，人物为主体，辅以建筑、台阶、树木、云、石等形象，将画面连为一体。不同身份的人物形象占画面主体面积，重点交代人物之间的主从关系、空间位置关系。他们或立或坐，或静立或转身，或低头或仰望，动作和神态各异。独体形象和组合形象形成具有叙事性的装饰图案，装饰内容与人们的生活相接近，体现出通俗化、平民化的特质，富有生活气息。画面构成多样化，视觉效果或有宁静美或有韵律美或有节奏美。瑞士学者沃尔夫林在《美术史的基本概念中》通过比较分析文艺复兴时期绘画和 17 世纪巴洛克绘画、雕塑、建筑在形式上的区别，提出"线描与图绘、平面与纵深、封闭形式与开放形式、多样性与同一性、清晰与朦胧"五对概念。虽然这组比较概念主要针对文艺复兴时期的绘画和意大利和北欧的巴洛克绘画的研究，但是也有学者认为这组概念对艺术形式分析具有普遍意义上的参照价值。巫鸿在《武梁祠——中国古代画像艺术的思想性》中写道："他（沃尔夫林）将这五对概念称作是'艺术表现的普遍形式'，意思是每对概念中从前者到后者的转化不限于一个特殊的历史阶段，而是发生在任何美术史演进中的必要过程。"[11]

在南山寺的建筑石雕装饰图像形式中，同样可以捕捉沃尔夫林提出的五对概念。从雕刻的工艺难度与精湛程度来看，可以看见五台山区域内石作工匠的巧夺天工的雕刻技艺，是五台山近代建筑装饰石雕中的精品。南山寺中装饰人物既有历史的人物，又有虚拟人物，设计者将不同身份的人物表现在同一景观空间中，体现出其创作观念中有意识淡化宗教、权贵思想，将有身份和地位的人物赋予世俗情感，并与凡夫俗子同在一个舞台空间。这恰恰体现了佛教装饰中世俗化、天真烂漫的可贵品格，是佛教寺庙审美的体现。佛教人物的世俗化，恰好关照了当时百姓对未来生活的憧憬，拉近现实世界与佛家圣境的心理距离。南山寺中一幅幅石雕叙述的故事图像，正好与百姓内心对现实社会、未来美好生活的期望相吻合。雕饰人物形象在悲与喜的精神状态、神与人的身份之间游离，在观者心中形成亦真亦假的图景。

图 3-43　寿星纹样

图 3-44　福禄寿三星纹样

南山寺石雕装饰图像只是中国佛教建筑装饰中的一帧，在神性色彩淡化后，寺庙装饰色彩最终走向世俗化的格局。图像中浸润的民俗文化形成的视觉景象，体现出佛教对国家命运、对民众、官员和僧众的未来生活的祝福与祈祷。设计者在佛寺建筑装饰活动中，以多种图像和雕饰手法，体现出民众及信徒对佛家圣境的向往和对佛陀的敬畏，也为民众寻找精神补偿提供了特定的场所。这些雕饰图像为研究者了解清末民初民众对佛教的复杂心理从视觉上提供了丰富的图像资料。

四、器物类纹样

器物类纹样主要包括博古纹、暗八仙、八吉祥、杂八宝和山水画五种。"博古"一词来源于《宣和博古图》一书，即古代器物，寓意高洁清雅。博古形象主要包括鼎、尊、彝、瓷瓶、玉件、书画、盆景等装饰题材。博古纹是以古代的各种器物，如青铜器、瓷器、玉器、石器、雕刻漆器以及织绣等内容，进行排列组合，作为装饰的一种纹样。博古纹一般用各式瓶、盆、鼎等组合并以花枝来点缀，并用博古架排列各式古代器物的纹样。暗八宝为代表八仙人物使用的法器，即渔鼓、宝剑、笛子、荷花、葫芦、扇子、玉板、花篮，这些法器具有不同的功能。八吉祥是在佛教文化发展基础上形成的装饰纹样，寓意吉祥、美好、圆满，也作为佛教教义八种意境的象征。在吉祥文化的发展和变迁中，从清代开始象征佛教的器物形象已形成法螺、宝伞、宝幢、法轮、双鱼、吉祥结、莲花、宝瓶八种固定形象。杂八宝是在儒家思想的影响下逐渐壮大和发展起来的，一般以辅助装饰于统治阶级和封建贵族的衣饰上。杂八宝在发展过程中形成自身内容体系，主要包括珊瑚、金锭、银锭、万卷书、方胜、古钱、宝珠、如意头、法螺等内容。在实际应用中，根据需求任选八种纹样组成杂八宝纹。

南山寺中出现的器物纹样包括炉、拂尘、琴棋书画、瓶中插花、瓶中插戟、渔鼓、宝剑、笛子、荷花、扇子、玉板、法螺、法轮、吉祥结、莲花、宝瓶、如意、铜钱等。具体样式有两三种：第一种器物加飘带纹的形式，第二种博古架为构图骨架，其上缀以各类古器，第三种选取花器（瓶、盆、瓠）中插花材和方戟。构图以对称为主，纹样适合外形有长方形和正方形状的海棠池子中。图3-45、3-46、3-47为八吉祥纹样，为适应特定装饰空间，宝瓶、法轮和法螺的造型进行简化和添加，以使主体形象更加突出。为使纹样结构饱满，搭配适合外形变化的飘带纹，搭配纹样形象注意与外轮廓的契合，保持纹样重心的平稳，整体给人一种活泼生动的均衡感。图3-48、3-49、3-50中为两样器物的组合形式图，器物上饰以飘带。图3-48、3-49中，器物两两相交、叠加，飘带从叠加处向上、向下延伸，适合边缘轮廓。纹样组合经过艺术化的加工，利用飘带平衡画面，重点突出器物形象，画面简洁大方。

图 3-49 中宝物形体偏长，如意头刻画精致，飘带围绕构图需要进行缠绕，造型流畅，主体形象突出，具有很强的装饰感和表现力。

图 3-45 宝瓶纹样

图 3-46 法轮纹样

图 3-47 法螺纹样

图 3-48　宝剑、扇子组合纹样　　图 3-49　鱼鼓、拐杖组合纹样　　图 3-50　如意纹样

　　图 3-51 纹样遵循中心对称的构图方式，以博古架为基本骨式，架上安排香炉和暗八仙。纹饰中间香炉（图 3-52）刻画较细致，三足香炉由炉盖、炉身和炉足三部分构成，炉盖上方刻有莲瓣纹，炉口两侧有方门耳，炉身仿三足圆鼎，瓶腹雕刻禄纹样和"文殊"二字。综观整个宝炉，外形简练，形制大气。博古架中间格板自由搭接，格板板端及中间隔板收尾做成回纹，博古纹分割空间大小不一，整体空间分割大小相宜，形体组合得体，错落有致，虚实相生。图 3-53 为瓶中插花纹样，瓶中所插花材的造型有"S"形和垂直型，节奏匀称、舒展。花器造型有瓶、盆等，花器上对称雕饰吉祥纹样、线条纹理或飘带。纹饰整体结构基本遵循对称，有一种宁静之美。

图 3-51　博古纹

图 3-52　博古纹（局部）

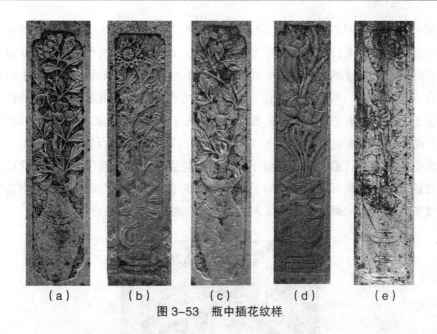

（a）　　　（b）　　　（c）　　　（d）　　　（e）

图 3-53　瓶中插花纹样

五、典型组合纹样构成

南山寺建筑装饰图案设计中，装饰有大量的吉祥纹样和国画纹样，造型中出现的形象以写实为主。常见组合形象有喜鹊登梅、锦鸡芙蓉、孔雀牡丹、山雀与折枝、梅花与山石、竹子与山石、鹿登梅山等。纹饰构图主要有水平构图和竖构图两种，纹样画意浓郁，情趣盎然，生动活泼。纹样形象用短线、曲线、点等手法，刻画细腻，纹理清晰。

（一）吉祥图案

"吉祥图案"是指以借喻、比拟、双关、象征、含蓄、谐音等手法，组成的一种有吉庆寓意的纹样。[12] 它起始于商周时期，唐宋时期逐渐发展，明清为繁荣时期。"图必有意，意必吉祥"，是明清吉祥纹样的最大特色。南山寺吉祥图案构成手法有三种：一是以被表现的图像的谐音组成纹样，如喜上眉梢、五福捧寿、封侯挂印等；二是被表现的图形寓意和表号，如天平有象、双凤朝阳、老鼠葡萄等；还有一种是文字说明，如寿、福、日。图 3-54 为万寿五福纹样，由五福捧寿、福寿三多、万寿团字等纹样组成，寓意万年长寿、五福安康。纹样中间为适合圆形的篆体"万寿"字，其上压有一只与篆体"寿"字上部笔画巧妙融合的蝙蝠形象，圆形周围分饰四只蝙蝠，蝙蝠周围雕饰祥云。表示五福捧寿为中心，福寿三多以寿为首。"蝠""福"，故五只蝙蝠代表五福。《尚书·洪范》有解："五福，一曰福，二曰寿，三曰康宁，四曰攸好德，五曰考终命。"整体纹样外轮廓线为长方形，纹样形象作对应处理，与常见的同心圆骨架的五福捧寿构图与布局不同。南山寺中关于蝙蝠的形象还有福在眼前、流云百福的纹样。图3-55中，蝙蝠与云纹为伍，蝠象征幸福，形似如意的云象征绵延不断，象征幸福如意。图3-56中刻画一只猴子正从树上取官印的动作。利用"猴"与"侯"同音，隐喻高升之意。纹样采用适合方形的均衡式构图，位于右下角的猴子成为纹样的视觉中心，占了画面的3/4面积的树为辅助纹样。形象一动一静，情趣盎然。图3-57雕饰莲花、白鹭和水纹适合长方形海棠池子的纹样，寓意仕途顺利。盛开的莲花位于纹样中心位置，昂首抬腿行走中的白鹭位于盛开莲花的右侧。白鹭踩在具有节奏感和韵律感的水中，形象舒展自然。图案造型丰满，线条饱满圆润，画面主次、疏密关系协调，画面具有很强得装饰性。

图 3-54　万寿五福纹样

图 3-55　流云百福纹样

图 3-56 封侯挂印纹样

图 3-57 一路连科纹样

（二）国画纹样

"自宋代开始，出现一种国画与图案结合的新纹样，最典型的就是宋代北方民间磁窑的瓷画。主要运用国画用笔的捺落、勾画、转折、轻重、缓急、粗细以及笔与笔的重叠等手法，和图案均衡、节奏等构成章法相结合，组成一种既有国画特色，又有图案装饰效果的新颖纹饰。"[13] 南山寺中的国画纹样主要被雕饰于望柱，其形象主要包括花卉与石山的组合、花卉与鸟的组合、竹子、山石与水纹的组合、兰草与山石等形象，雕饰处理方法主要是吸收和借助国画中整幅花鸟画的章法、内容和表现形式，同时吸收图案中平面化、秩序化、纹理化等方法对形象进行处理。构图形式主要是竖构图，遵循均衡法则，画面具有装饰性和意境美。图 3-58 中刻画了梅花朵朵绽放，梅枝苍劲，梅树托根奇石。梅花采用平面化表现手法，每朵梅花大小、结构和纹理基本相同，利用短线条刻画梅树树干与山石的纹路与质感，画面精工而不呆滞。整组纹样采用均衡式，利用梅干上下盛开的一簇簇梅花维持画面平衡，非常具有装饰性。图 3-60 中刻画的是竹子和山石，同样借助短线条刻画表现对象结构与纹理。立竹挺拔潇洒，斧劈状的卧石高低不齐。整体纹样中竹子与山石相互顾盼，一欹一直，使画面构图达到均衡统一。图3-62中表现一只八哥在菊花枝头愉快的嬉戏的场面。八哥翅膀张开，眼睛看着前方，随时准备飞、跃；枝头盛开的菊花，鲜翠欲滴，随风摇曳。菊花造型几何化，花瓣的形状、大小基本相同，花头中间用圆点点缀花蕊，用短斜线刻画叶子脉络；小鸟的头部、翅膀、腹部及尾羽均有模仿国画中"丝毛"技法的秩序化处理的线条。整体图案取均衡式构图，菊花枝从右下方朝左上方生长，停在枝头的鸟做出向左下倾斜的姿势，整体画面"力"势均衡，主体形象突出，生动自然。

图3-58　梅石图　　　　　　　　　　图3-59　梅石图局部

图 3-60　竹石图　　　　　　　图 3-61　竹石图局部

图 3-62　竹石图　　　　　　　图 3-63　竹石图（二）局部

建于清末民初的南山寺国画类花鸟画的大量搬用,应该是受到清代商业文化的推动,装饰纹样中显示出它与众不同的特色,使它既成为大众的艺术,也成为一种为服务特定对象的艺术形象。

通过对南山寺建筑装饰石雕图案构成的研究和整理,笔者发现以下规律。第一,植物纹样都含有美化的艺术加工过程,使图案具有很强的装饰性。骨式以对称和均衡为主,在特定的空间中内容的疏密不同,栏杆望柱内容布局以虚求实,其他处的装饰纹样则追求以实求虚。纹样中形象处理主要采用写实和构成手法,丰富画面的表现形式的同时,也获得新奇的视觉效果。第二,动物纹样形象一般选取回首、低头、飞翔、奔跑等姿态,构图富有动感,给以一种昂扬向上的精神感召。第三,人物纹样多以组合出现,纹样内容具有叙事性,画面构图独特,体现出一种严谨、秩序化的特点,增加了寺庙的建筑装饰的庄严、凝重之美。第四,器物装饰内容以暗八仙为主,杂以八吉祥和杂八宝形象。器物形象上饰以飘带纹,增加器物的形式美感,满足构图需要。第五,不同物象组合的吉祥纹样和国画纹样在建筑装饰的应用中,突破常规构图方式,按照装饰空间进行形象的设计与布局,采用点、线、面图形元素之间的不断转换,形象处理细腻、生动,满足装饰需要。总之,南山寺装饰艺术形象是极具民族特色的纹样符号,在装饰设计与控制中,以不同手段营造和谐的视觉秩序,给人以不同美感的视觉效应,装饰纹样之外的意境给观者以更多深刻的意味。

第三节　五台山南山寺建筑装饰石雕纹样造型规律

南山寺建筑装饰多饰于建筑构件和建筑小品上,造型方式与比例具有自身特点,同时亦与建筑彩画关系密切。由于清末以来,五台山地区三教合一趋势明显,以及当时主持修建寺庙主持普及和尚的思想的杂糅性,所以雕饰中大量出现了八仙、福禄寿人物形象,儒家忠、义、孝思想的动、植物和人物故事形象。

一、人物纹样造型

南山寺中常见的人物纹样包括神仙、武将力士、文官书童、士绅百姓。具体内容则通常以民间传说、神话、历史人物及文学人物故事为基础,包括福禄寿三星、八仙、天女、《三国演义》人物等人物形象,局部装饰内容中也有少量佛教人物。

从人物造型特征来看,石雕人物与彩画人物相比整体相似,有北方民间人物绘画风格特色。建筑彩画方心的人物头身比约为1:6如图3-64(a)所示,基本符合民间"立七坐五盘三半"的惯用作法。但是石雕形象受到材料表现的束缚，头部一般会偏大，头与身体的比例一般在1:4或1:5之间如图3-64（b）。此外，在衣饰的处理上多注重衣服整体衣纹的处理，简化处理衣服、鞋帽上装饰纹样，人物身份特征、动作特征和神态特征表现明显。当然，在众多人物形象中也有部分人物形象刻画很精彩。如望峰台中间表现人物的栏板，尺寸较大，雕琢福禄寿三星站立在如意祥云上。福星作天官模样，面容慈祥，五绺长须，头戴官帽，蟒袍玉带，一手持如意，一手放在腰间；禄为员外郎打扮，一手捋须，一手持拂尘，面相祥和；寿星一手捧寿桃，一手拄龙头拐杖，笑意融融，三星眉目清晰，美髯长飘，衣饰洒脱，自然流畅，人物雕琢大气，刻工细腻，表情惟妙惟肖。人物身份特征交代清晰，布局巧妙，相得益彰。位于佑国寺天王殿侧门石迎风处的天女散花石雕，为人物纹样的代表性作品。在刚劲挺拔的松树下面，天女高挽发髻，上衣下裳，长裙拽地，周身天衣缠绕飞舞，体态婀娜，脸庞甜润，修眉妙目，纤纤玉手，手持精美花篮，篮口突出各种鲜花，似花云花雨。

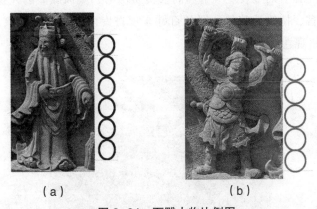

（a）　　　　　　　　　　（b）

图3-64　石雕人物比例图

图3-65　四武士护卫二老者纹样

南山寺石雕人物中男、女武将形象，其衣饰造型大多模仿长靠武生的装束，头戴帽、盔，扎硬靠与软靠，脚穿厚底靴，人物动作重身段功架，突出武将的英勇气概、大将风度。身着男士靠背插靠旗的武将，手持长枪作打斗动作。老外形象雕饰髯口，眉毛呈倒八字，表情凝重，人物正直刚毅的性格表现得淋漓尽致。身着男士软靠的武将，靠子前后两片，刻鱼鳞纹，靠肚上刻有大虎头，胸前雕饰护心镜，下刻海水，手拿长剑、短刀等兵器，动作洒脱。刀马旦形象身着女靠，长裙拽地，胸前雕饰护心镜，头微微底下，手或叉腰，或扶剑，或舞剑，既表现了女性武将的靠把功架的动作特征，也表现女性武将的端庄与贤良的人物特征。石桥残垣、望峰台栏板中戏曲人物头饰、衣饰、动作各不相同，人物造型生动，各有韵味。

在南山寺石作雕饰人物题材包括封建时代的上层统治者、历代文士、寻常百姓三类。其中士绅百姓形象占有较大比重。士绅百姓的范围包括文人雅士、民间故事角色、历史传说人物。封建时代的上层统治者形象取材于各类小说和戏曲故事，如《三国演义》《封神演义》等。相关石雕表现内容多为故事的经典场景，如三顾茅庐、三仙阵等。历代文士则多表现气节高尚、文质彬彬、威风凛凛的人物形象，如苏武牧羊、摇扇文官、持鞭武将等。寻常百姓表现奋发向上的人物形象，如八仙故事、孟母择邻、挂角观卷、负荆读书等。

图 3-66　一进院栏板上的龙纹

另外南山寺中神仙形象表现也较多，主要分为两种，一种是单纯的刻画群体或个体人物，群体形象有福禄寿三星、武将、仙女、八仙形象。人物形象刻画细腻，神态自然，满足参观着近距离观赏的需求。另一种是特定场景的表现，多描绘打斗场面，人物注重动态表现，利用景物进行画面分割，构思精巧，画面生动。这种人物表现很好利用了场景叙事效果来吸引参观者的视线。

二、动物和植物纹样造型

石雕中出现的动物形象与佛教、民间崇奉关系紧密，形象包括龙、凤、狮子、大象、麒麟、蝙蝠、马、羊、鹿、猴子等。以上雕饰形象既有佛教喻义，也包含民间吉祥寓意。植物形象众多，表现较多的有荷花、牡丹、石榴、葡萄、四君子等，这些形象具有吉祥的寓意，也有品性高洁的象征意义。当然植物与动物纹样之间还会以组合的形式出现，表达复杂的寓意。例如喜鹊与梅花的组合，寓意喜上眉梢。

龙、凤是众灵之首，而南山寺具有敕建背景，所以龙、凤的形象自然出现在南山寺寺院的雕饰中。龙纹、凤纹在数量上不是最多，但是却处于建筑与构件的重要位置且面积较大。龙作装饰的龙形象有行龙、团龙、盘龙、双龙和草龙，并常与祥云、宝珠组合在一起，组成云龙、二龙戏珠、五龙戏水。这些龙纹造型优美，线条流畅。南山寺石作龙纹造型一般为五爪，龙纹飞舞张扬的须发，跃动遒劲的躯体布满鳞片，细瘦而有力的腿，奋力向前伸展的爪部，营造出富有动感与威严感的万灵之首形象。龙纹造型重心偏后，形态舒展大方，当地人称"弓把龙"。龙整体造型从头至尾分为三段，中间凸起的"弓把"部分约占身体总长的1/3，符合龙纹三停九似的说法。凤纹造型分为凤头、凤身与凤尾三部分。凤头形象吸收鸡头造型，凤身由鹤颈、鹤羽和鹤腿组成，凤尾为绥带尾，尾羽多为羽翼三尾或羽翼五尾。凤做飞行或翱翔状态，寓意天下太平。

狮子作为百兽之王，由于"狮"与"事""师""时"为谐音，民间有"事事如意""太师少师""四时如意"的说法。佛经中用狮子比喻佛陀的无畏和伟大。在宗教观念与民间习俗的双重作用下，南山寺石雕狮子口含飘带，脚踩绣球。头部比例夸张，约占狮头到狮尾的三分之一。四肢作嬉戏状，形象粗犷威严。

牛在佛教中象征高贵的动物，具备威仪与德行，寓意行步平安。佛陀的德号就有"人生牛王"。牛一辈子吃草，挤出的却是奶，勤恳劳作，普济众生的象征意义。

在中华传统文化中马代表积极进取、奋发图强、吃苦耐劳、勇往直前的正能量。南山寺中石雕马形象以双马形象进行表现，两匹马体型小，四肢有力。一匹奔跑马的头向上看远方，另一匹马卧姿，头回望，画面周围饰以祥云。"天行健，君子以自强不息。"马象征中华民族追月逐日，不畏艰险，勇往直前的精神。

图 3-67 三摩地门券上的凤纹

图 3-68　一进院栏板上的狮子纹样

图 3-69　一进院栏板上的马纹样

　　南山寺中植物纹样以折枝纹样为主，象征美好寓意，或装饰寺庙环境。折枝纹既有折枝花，也有折枝果。纹样造型中以花头或果实为视觉中心，经过取舍和装饰化处理后保持生动的外形和生长动态，主体形象突出、舒展、生动和饱满。纹饰整体随意不失严整，华美而有韵律。《论语》中用"岁寒，然后知松柏之后凋也"来歌咏松柏的审美品格。松树由于常年青绿，被人赋予坚贞不屈，万古长青的美名，并且它肃穆、伟岸的形态特征与寺庙庄严的氛围相契合。另外，松树也可象征文人的情怀、气节，常常用在建筑装饰中。南山寺中松作为图案的点缀景物，多以折枝形态出现，短线刻画松针的形态，体现出松树生命力、力量感和体积感，显出松树的立傲苍穹的精神。

　　花与瓶的组合，寓意四季平安、富贵平安等。南山寺中瓶与花的组合，花材与花器的比例一般是 1:1 或 1:2 如图 3-70 所示。花材主枝粗壮，花头数量一般为奇数。花器造型不一，器身装饰鱼纹、如意纹、云纹等形象，配合不同的花形成不同的寓意。折枝花与花生存环境内容相搭配组成栏板、望柱上的装饰纹样，形象生动，姿态不一。如莲花纹样中，以莲花花头为中心，周围搭配荷叶、海草和水纹，整体纹样动感十足，充满生机。此外，在植物形象中还有白菜、辣椒、萝卜等"俗"题材，布局用心，成为雅俗共赏的雕饰作品。

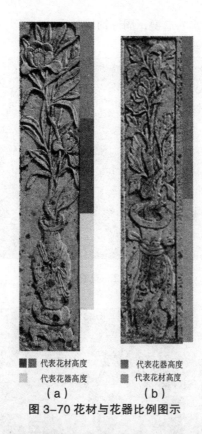

■ 代表花材高度　　■ 代表花器高度
■ 代表花器高度　　■ 代表花材高度
（a）　　　　　　（b）
图 3-70 花材与花器比例图示

图 3-71　莲花纹样

　　植物纹样中除写实纹样外还有几何纹样，如卷草纹、缠枝纹等。它们作为栏板、望柱柱身装饰，或作为影壁边框的边饰。单片花叶、双片花叶和三片花叶对称排列在主干一侧，或围绕装饰位置的中心点向左右两边展开。叶片、枝蔓卷曲，线条舒展，植物形象生机勃勃。几何类的植物花纹以花头为设计中心内容，花头进行平面化处理，呈中心放射式的造型，周围饰以伸展的叶子与枝蔓。

图 3-72　花瓣纹样

图 3-73　折枝花纹样

三、器物

南山寺中石作器物纹饰大多作为独体图案出现，常见的器物有如意、暗八仙、炉、鼎，棋盘、八吉祥、方戟、花瓶等。器物作为装饰形象，数量较少，面积也比较小，但是器物造型精致、流畅，细节刻画比较多，一般配以飘带。器物安排一般呈现对角或对称的布局，众多形态的器物，它们都是用线刻海棠池子作为纹样的轮廓，器物纹样的密，与周围疏的环境形成画面节奏感，主体形象突出。

总之，石雕图案造型精巧、严谨，并体现出简洁、概括、夸张、对比、平面化的图像范式。从比例来看，树一般高于山，人小于屋。石雕纹样中物象的大小、比例折射出物象在当时设计者的心中的地位。南山寺内出现的石雕装饰纹样中，为突出某一意象，往往将这种物象进行局部夸张，以凸显主体形象。龙、狮子、麒麟形象的表现中，对其头部进行夸张，以凸显动物的威武。在人物形象侧表现中，通过人物身体的高低的对比性、服饰造型细腻与简洁，作为人物身份特征的外在体现之一。从取景上来看，以小观大，以点带面，观物取象，用具有典型特征的局部景物、物象的定格动作来表现纹样的整体性和典型性。如表现不同身份、地位的人物时取一树、一石或一物来体现人物的爱好、修养等内涵；表现物象的生存空间时，选取典型环境元素，如水波、山石等；表现天空时，只用一种鸟或一朵云，这种表现形式摆脱了客观物象的限制和约束。此外，为了人物造型的需要，设计者巧妙利用景物、祥云等形象将处在不同空间的人物采用散点透视法，移步换景极其自然的、前后没有叠加的安排在一个平面上，使纹样具有立体视觉美感。

图3-74 暗八宝：剑　　　图3-75 暗八宝：鱼鼓

第四节　五台山南山寺建筑装饰石雕图案形象工艺

研究石料上的装饰技法主要看雕琢之法。宋徽宗崇宁二年（1103），宋朝颁布实行了一部《营造法式》，其中《石作制度》部分专门有记载："雕镌制度有四等：一曰剔地起突，二曰压地隐起华，三曰减地平钑，四曰素平。"[14]剔地起突，即高浮雕，或近似圆雕；压地隐起华是把纹样的边缘斜着凿进去一层，对纹样进行雕琢加工，但纹样的最高部分不得超过石面；减地平钑是把题材以外的部分浅浅铲去一层作为底面，但纹样的加工只限于浅浅的用线刻画；素平，或将石面打磨匀称光滑，或在其上做线刻装饰，没有其他高低的变化。南山寺内的雕刻主要采用剔地起突和减地平钑这两种方法，当然也有高浮雕、透雕和线雕多种雕琢之法地综合应用。这些建筑装饰图案在衬托建筑华丽的同时，也形成了石雕艺术的极致景观。这些雕刻技艺的应用，综合考虑以下内容：一是根据装饰构件所在的建筑位置和构件本身的形状，在考虑整体建筑的装饰效果前提下，选择适合的雕饰手法进行雕琢；二是遵照人的行为习惯进行雕刻技法的选择。离观者较近距离的雕饰对象，处理手法比较精致和细腻；离观者距离较远的地方，注重动态及整体气势的营造，细节处理较简单。如高台建筑栏杆起点的抱鼓石采用高浮雕的技法，栏杆望柱和栏板采用减地平钑的技法，这些纹样的外轮廓线则用素平的方法。石栏杆整体雕饰主体突出，主次分明，节奏明快，手法多变。南山寺石雕在形制、结构、纹饰上的有机集合与浑然一体是民间艺人精湛技艺的"成全"，并且在雕饰过程中体现出多样的手法和繁简对比统一的特点。一是着眼于装饰石雕创作中因"相物而赋形，范质而施采"而发挥不同技法，以及作品中呈现的"疏可跑马，密不透风"的形式美法则；二是由营造时间、资金来源自身属性、产生社会背景多等客观条件历史的认识创作上技法、风格多样化，并且做到"繁"与"简"的对比统一。

第五节　五台山南山寺建筑装饰石雕图案表现特征

石雕作为官式建筑中礼制性陈设的重要组成部分，是装饰设计中表现的重点之一。南山寺建筑石雕装饰纹样设计既有继承也有突破，艺术形象文化内涵丰富。它满足建筑的装饰功能，集中体现了装饰形象的艺术特征和审美趣味，满足服务对象的审美趣味，装饰内容与时代文化发展方向一致，具有一定的艺术价值。南山寺建筑装饰石雕构成五台山文化旅游中独特的景观意象，每幅纹饰是其中的组成因子。这些雕刻于清末民国初年的纹饰，造型精美、排列有序、雕工精湛、寓意丰富。站在雕饰这些纹饰的建筑群中，仿佛置身于中国传统石雕文化的海洋，俯身仔细注视这些形象，多种意趣从丰富的装饰纹饰中迸发出来，带给观赏者以愉悦的审美体验。

从南山寺石雕应用题材及构图情况来看，其石雕图案表现有以下三方面的特征：一是吉祥纹样的主导地位，二是国画纹样的大量应用，三是情节性人物形象的组合应用。

一、吉祥纹样的主导地位

南山寺石雕在纹饰题材的设计布局上呈现出"天"—"地"—"人"—"神"—"器"的"汇合交融"，且无论何种选择都以吉祥为基本诉求，此为南山寺石雕最基础也最核心性的造物设计理念。装饰图案不外乎抽象和具象两类，中国历来抽象图案应用较少。[15]清代具象图案多取吉祥之意，不用凶丧之形以反映人们心理上趋吉避凶，福顺吉利，称吉祥图案。[16]这些图案在清代种类繁多，应用广泛，纺织品、器物、工艺品中皆有，尤其在建筑装饰中的雕刻、彩绘、陈设中，更有长足的发挥，是清代装饰美术方面重要的成就。将南山寺建筑石雕装饰艺术置于佛教艺术的长河中观察，有利于发现其时代特征在其中的深深烙印。佛教从传入中国到被广泛接纳的过程，佛教艺术在物质表现形成方面逐渐完成本土化的融合，并逐渐走向世俗化，形成了独特的中国佛学美学。作为佛教艺术载体的佛教造像、石窟艺术、壁画及建筑等艺术形态，在不同时期呈现着不同时代风貌。魏晋时期的石窟造像以秀骨清像与唐代的华贵雍容形成对比；辽宋塑像形态走下神坛，走向人间；明代在"三教合一"的影响下，文学艺术呈现世俗化和民俗化。每个时代典型的艺术特征与当时的现实世界和社会紧密相连。清代雅文化的沉暮，它被真实、生动，充满人间真情和生活趣味的俗文化所取代。清代成为世俗文化繁盛期，彰显出它与众不同的魅力。

南山寺装饰题材的选择继续延续明代砖石艺术世俗化的发展趋势。除了围绕佛教教义故事及佛教人物开展，南山寺中石雕设计者在艺术创作中吸纳了明清民间广为流传的历史故事、神话故事及吉祥图案，这一点在佑国寺的石雕中被如实地反映出来，以一进院栏杆雕饰内容为例进行统计，如表3-3所示。

表3-3 佑国寺一进院栏杆石雕图案题材统计

主要纹饰部位	植物图案（幅）	鸟兽图案（幅）	人物图案（幅）	器物图案（幅）	其他图案（幅）	总计（幅）
栏杆抱鼓石	1	4				5
望峰台栏杆	8	8	5	9	3	33
一层台阶（北面）	17	14		5	2	38
一层台阶（南面）	22	12		1	3	38
登二层月台台阶两侧栏杆	9	20		3		32
二层月台栏杆（天王殿月台）	25	20		13	22	80

　　佑国寺一进院栏杆上的石雕图案共有221幅，尺幅最大的为人物图案，以三星高照为最。其余植物、动物及器物图案尺幅大小基本相当。图案形象统计如表3-4所示。从现场考察汇总情况来看，栏板石雕图案可分为人物、植物和动物图案三种。值得注意的现象是，这个院中人物形象表现尺幅较大，位置最突出，雕刻细腻、生动；望柱柱身的石雕纹样可分为瓶中插花、吉祥图案、国画图案三种。这些图案中有浸润清代吉祥文化的吉祥图案，也有象征文人品格的国画图案。一进院吉祥图案象征幸福、安昌、健康长寿。吉祥寓意一直是纹样存在的精神动脉，这一崇高的人性主题还将伴随人类对美好生活的向往无限扩张。佑国寺一进院的石雕图案包括以下典型题材：一路连科、一路清廉、鲤鱼跃龙门、喜上眉梢、二龙戏珠、奔马逐日、麒麟送宝、仙鹤衔灵芝、凤凰展翅、三星高照、富贵竹、孔雀牡丹等。

表3-4 佑国寺一进院栏杆石雕图案形象统计

	龙	花草	凤	马	羊	鹿	人物	狮子	国画纹样	鸟禽	器物
栏杆抱鼓石	2	1	2								
望峰台栏杆	4	8	2				5		11	4	3
一层石阶（北面）	2	12		2				2	16		2
一层石阶（南面）		17			2	2			6	8	3

续　表

	龙	花草	凤	马	羊	鹿	人物	狮子	国画纹样	鸟禽	器物
登二层月台台阶两侧栏杆	2	6						2	7	16	
二层月台栏杆	4	14	2					2	22	12	16
总计（幅）	14	58	6	2	2	2	5	6	62	40	24

　　类似的情况也大量出现在寺庙的门券、影壁以及二进院、三进院的栏杆上。雕刻图案除了儒、道、佛思想外，还雕刻多种吉祥图案，成为雅俗共赏的艺术品，从侧面也反映了南山寺建筑石雕装饰纹样朴实、生动。南山寺石雕艺术作为一种审美形态，在强调题材的装饰功能的同时，更注重"立象以尽意"，即对审美意蕴的把握。唐家路、潘鲁生编著的《中国民间美术学导论》中曾提出："民间美术工艺造物注重人的内在心性、情感体验以及道德伦理等因素，从而使造物具有实用功能的合理性与注重心理体悟的情感性相结合的特征……"[17]可以说，南山寺石雕突出的是"物皆着我之色彩"的"有我之境"，强调了民众内心的情感诉求，尤其是对吉祥的渴望，因此呈现出"有图必有意，有意必吉祥"的主题特性。

二、国画图案纹样的大量应用

　　雅文化沉暮的最主要表现是随着社会生活中商业成分的增加，许多原来的雅文化在商业气息的浸淫下走向市井。[18]以雅文化中最具典型性的琴、棋、书、画在当时的社会中普及面广泛。明清时期书法和花鸟画沦为日用品上的装饰，在当时的瓷器、绣花的纹样上多有仿花鸟画之作。南山寺建筑装饰石雕纹样中出现的国画纹样，主要是花鸟画。其特点是借鉴了国画的章法、用笔特点，与图案均衡、节奏等构成法则相结合，组成一种既有国画特色又有图案装饰效果的纹样。"艺术形式的美感逊于生活内容的感受，高雅的趣味让位于世俗的真实。"[19]南山寺建筑石雕装饰艺术中应用绘画艺术，有传统花鸟画的组合模式，也有生活中常见的"俗"题材，如白菜、萝卜等，布局经营极为用心。另外，国画中大量"瓶中插花"绘画题材的大量应用（表3-5），既不同于国画中文人花的气质，也不同于佛教清供的花卉艺术，在南山寺中出现的"瓶花"形象多几分世俗插花的丰姿和浓重的吉祥文化色彩。

表3-5　南山寺装饰石雕国画纹样

国画纹样内容	寓意	备注
梅花、喜鹊	喜上眉梢	
莲花、白鹭	科举仕途顺利	
白菜、石头	百财聚来、清白传家	
萝卜、石头	好彩头	
菊花、石头	耐寒傲霜、凛然风骨	
梅花、石头	坚贞、高洁	气节、人品象征
孔雀、芙蓉	富贵	
莲花、水、石头	出淤泥而不染	
花瓶、牡丹	平安、富贵	瓶上饰以系帕
花瓶、莲花	平安	瓶上饰以如意纹
竹、山石	步步高升、平安富贵	
孔雀、牡丹	吉祥富贵	
松树、山石	老而弥坚、长寿挺拔	
花瓶、牡丹、菊花	平安、富贵、长寿	
松树、仙鹤、寿星、鹿	松鹤延年	
花瓶、牡丹、鱼	平安、富贵、富裕	
折枝桃枝	长寿	
折枝花草（菊花、兰花、梅花）	孤高亮节、忠义、坚贞	气节、人品象征

三、情节性人物形象的组合应用

　　建筑上各部位的装饰除了具有其本身的形式美之外，人们还想借着这些形象所具有的内容表达出某种意识和人文内涵。无论是建筑正脊上出现的莲花、凤凰形象，还是石栏杆上出现的众多装饰形象，默默传达出它们的象征含义。这些形象有的单独应用，有的组合起来应用。南山寺中装饰图案中出现众多的人物形象借助地势高低、建筑环境、树木以其云纹等形象组织在一起，形成具有情节性的组合形式，表达出一定的故事情节、戏曲场面，丰富了南山寺建筑石雕装饰手法。例如仙人炼丹场景；黛玉葬花情景；挂角观卷、负荆读书的勤奋好学的场景；桃园结义、火烧赤壁的故事场景；苏武牧羊中苏武留胡不辱的精神；文官武将组合出现的戏曲场面等。它们被安排在栏杆、墀头、坎墙、券门、影壁上，所表现的是这些不同故事宣扬的忠、孝、节、义、圆满、吉祥、精进等方面的内容。只是这类装饰所需要的面积较大，而且需要较多的财力，所以使用并不普遍，只是在较大的寺庙、祠堂和较讲究的住宅中才能见到。[20]南山寺中这类型组合应用较普遍，面积也比较大，从中也可以看出当时南山寺经济财力较强。根据笔者统计，人物情节性组合约有44块。其中，面积最大的为望峰台的雕饰福禄寿三星的栏板。这些雕饰精美的石雕纹饰，集中反映了当时吉祥文化、文学作品审美观念和人们精神追求对南山寺建筑装饰石雕艺术的深刻影响，体现出"旧时王谢堂前燕，飞入寻常百姓家"的装饰世俗性和多元性情结。

四、构图的舒朗与满密

南山寺中照壁、栏板的装饰构图呈现出疏朗的构图特征，画面上"空白"较多，吸收传统花鸟画显微和局部特写的方式；同时，构图上体现"远则取其势，近则取其质"，根据画面表现对象的主次、宾主关系，运用疏密、虚实、大小、秩序化等法则布局。装饰构图综合考虑建筑装饰构图与装饰建筑空间之间的虚实关系，装饰形象符合装饰空间的外形轮廓。构图丰富、饱满，具有良好的视觉节奏感，营造出一种意境美。如望柱、栏板上装饰的国画纹样，疏密对比鲜明，与素条石堆砌的台阶以及装饰空间周围的留白形成良好的虚实对比，给参观者留下清雅的风格印象。

南山寺中券门、墀头、迎风、坎墙上的石雕图案则体现出"满""密"的布局特点。贡布里希在分析构图秩序与审美心理关系时指出："装饰源于我们对空虚的恐惧。"构图中"密"体现了民众文化心理需求，"满"隐喻着多、富等象征含义，传达出百姓对人生圆满的追求和期望，以及对富足和太平的祈愿。不管是单独图案，还是组合图案，它们的纹样形象布满四边，在装饰的建筑空间中不留空白。整体纹样的视觉冲击力很强，在文化上具有张扬性。

南山寺建筑装饰石雕图案无论是舒朗构图，还是满密构图，在形制结构的设计上呈现出方与圆有机组合，并在此基础上遵循"纹饰依于结构"的造型法则进行纹饰设计。方、圆形式在装饰设计的应用，不仅是作为基本的视觉控制要素，在中国文化语境中包含丰富的文化意涵，故不同的组合手段使不同的"精神"与"能量"进行释放。南山寺建筑装饰石雕图案杂形制结构上主要包括两种的方、圆要素组合方式：上圆下方，方圆有序；外圆内方，方圆并蓄。这两种组合贯穿于南山寺石雕创作并达到圆融。这种圆、方之序已不仅仅作为一种审美秩序的要求，而是将意义建构在效法天、地规矩之运行上。而对于后者，从南山寺石雕构件塑形来看，方形立柱、板心为圆角弧线的海棠池子，或栏板头为曲线、地栿为方形，在一个局部范围内，实现外圆内方的形象将方与圆的对比形式有机统一。既满足组合的功能需求，又体现着刚柔并济的艺术观念，更是渴望圆满的人生期待的写照。方、圆的有机组合为"雕刻众形"提供了一个"覆载天地"的框架。

五、雕饰图案艺术的文化向度

"'向度'属于政治哲学范畴的概念，它是指从事物自身的性质特点及事物所处的环境出发，多维度分析事物变化的过程，以确定事物发展的方向和属性。'向度'的概念是立体的，它不仅包括了事物发展的主体条件、时空条件、背景条件，也包含了事物变化的逻辑因素、目的因素和属性因素。"[21] 南山寺许多建筑是在清末民初国家政治动荡、寺庙经济募化、石雕技艺成熟的背景下创作的，展现了工匠对文人笔下题材的移植的，对民俗图案在佛教建筑装饰表现的适应性，反映了清末民初以来雅俗文化相对立、交融与统一的文化发展潮流。

人类意念的表达方式之一是图案。图案随文化发展而发展，久而久之成为一种象征符号。这些人们习以为常的符号，会随存在环境的不同，扩大或缩小象征符号的含义。由陈之佛先生撰写的《表号图案》一书，在序言中说："考察古时图案，大都含有一种表号的意义。在这类图案的寓意中可以探索当时人民的观念思想、信仰；一方面在其形式上又有有趣味的表现而能满足装饰的欲望。"具有象征或表号的图案纹样，不仅可以用来装饰物象，还具有丰富的文化内涵，体现出高尚的民族精神。

（一）图案的精神信仰依托

"龙凤肇始，龙飞凤舞，是中国神话的母题，也是吉祥纹样的母题，象征着中国文化的肇始和繁盛，孕有蓬勃的生命力。"[22] 在南山寺石雕装饰纹样中，吉祥图案到处呈现，其中有寓意名禄、福寿以及富贵的图案，也有与佛教、道教相关的人物、法器。这里的"吉祥"可以理解为吉庆祥和，既是"大家"的太平祥和，也是指"小家"的和睦幸福。所谓"吉祥止止的纹饰"，既与百姓内心的期望相契合，也与佛教教义中"大我"的契合。南山寺石雕中表现最多的是关于福、寿文化，通过福星、寿星等形象寄托了人们对福报、长寿的祈愿。其次是用瑞花嘉叶饰构件，以瓶、瓠、盆为代表的插花器在南山寺望柱中占有很大的比例。这些插花器以吉祥图案装点器身，配上几支不同造型的花材，为寺庙增添祥和瑞意。栏杆上雕饰的龙凤形象，表达人们祈求强大力量的精神信仰。出现在南山寺建筑构件上的吉祥图案，作为信众的精神寄托，从中获得慰藉；同时，它用通俗的语言和丰富的形式，寄托和呈现人们的希望和祝祷，也承载着佛教祈求天下太平的祈愿。图案形象上出现得"泛吉祥化"的现象如何在南山寺这样一个宗教场域里存在、延续成为一个值得深入思考的问题。

（二）石雕装饰图案的雅俗世界

在中国传统美学中雅俗观念作为一对重要的审美范畴，二者之间既对立又统一；同时，在不同时代和文化背景下，其文化内涵也有所变化。大体而言，在中国传统审美文化中，一直处于主导地位的是雅，而俗则被人否定，因此尚雅贬俗在传统文人思想中可谓根深蒂固，但是雅、俗也在不断相互影响与转化。明清绘画艺术高度发展，尤其是花鸟画。如文人笔下的四君子形象，经过历代文人的不断演绎和创作，成为表达个人品格的艺术符号。在表现中重意不求形，抒发自我情感的一种符号，同时注重画面意境的表达，给人一种超然脱俗的清高境界。南山寺石雕装饰艺术在题材和表现上受其影响，装饰图案中大量出现梅、兰、竹、菊、松等明清文人热衷的题材。绘画与工艺中虽然选取同一题材作为表现对象，但是表现的艺术风貌却不尽相同。文人画是在中国古代传统文人墨客"聊以自娱"的思想下发展形成的，贵在自我情感的抒发，不求别人理解。南山寺中石雕艺术则是工匠集体智慧的结晶，这些工匠受到服务对象的制约，重点表现"口彩"及服务对象的审美需求，表达直白，具有朴素的审美观。南山寺建筑装饰中出现的"四君子"是众多装饰形象的代表，虽与文人画中表现的形象相同，但是传达的情感却不同。文人画中体现出自我的雅，而石雕中则体现出百姓对生活的希望。这些形象给人一种清高洁雅、韵味厚重的感觉，是雅俗文化融合的重要表征，是明清雅俗文化合流趋势的延续。南山寺石雕图案虽已纸本绘画为临仿对象，但是由于出自工匠之手和承载媒介的限制，与绘画相比，装饰图案的构图、意境、表现语言具有差异性，主要表现在以下方面。第一，造型重装饰化，强调程式化，对表现形象进行图案化提炼。第二，与文人画构图方面相比较，装饰图案构图饱满，常用填充纹样和角隅纹样进行填补。也有部分纹样吸收绘画的留白艺术，画面清新自然，没有繁缛之感。第三，石雕纹饰以刀代笔，对于图案形象的质感、阴阳采用粗细、曲直、长短的线条进行表现，塑造出不同形态的立体感、空间感、节奏感和韵律感。第四，南山寺石雕艺术为工匠的群体艺术，而非单独个人艺术创作行为，程式化意味浓重。第五，单幅画面意境直白、通俗易懂，符合百姓喜闻乐见的民俗内涵。

总而言之，南山寺石雕图案具有"平易近人""和态安详"的形式美感。雕饰纹饰方圆组合的特点蕴含"天圆地方—象天法地"的哲学观，体现出"稳定端庄—圆通完美"的审美理趣和"仁德正直—圆融内省"的处世方式，从精神内核上引起信众与参观者的共鸣。纹饰题材上的万物包容，体现出宗教场域开放的姿态，内容的"泛吉祥化"，向民众提供了一条心灵满足的对象化途径。雕饰者的"施艺"创造彰显了造物的"技术美"，同时从视觉上体现繁与简的对比统一，突出了"缤纷""纯真"的观感。

第六节　五台山南山寺建筑装饰石雕图案的形式美

建筑石雕的构成因素中，形式是其材料和结构的外在表现。由材料、结构以及组合方式构成事物的形式美，是实用艺术审美特性的重要体现。对于实用艺术中来说，是其外在形象美感的重要体现。五台山建筑装饰石雕图案中利用线条、形状着重表现图案的形式美，在设计构思中将表现性和形式美作为图案形象重要关注点，并遵照构成法则巧妙地将其蕴含到装饰图案中。五台山南山寺建筑装饰石雕图案的艺术形式既注重再现性，也注重表现性。在图案表现中，有对客观事物进行临摹，创作手法上偏重于写实，追求感性形式的完美和现象的真实，形象生动细腻，一般容易为观众欣赏和接受；有对客观事物进行抽象化表现，传达出精神内涵及理念。石雕装饰图案的再现性，描写物象真实，结构与纹理刻画精细。表现性的石雕图案则更加注重形式美，将在表现过程中按照均衡、对称、秩序和统一的形式美规律，将形状、线条等形象元素进行编排和构图，设计后的装饰图案体现审美性。"审美活动是从人的日常生活需要出发，在长期社会生活实践的基础上，经过巫术中介而形成的一种行为方式。"[23]南山寺建筑装饰石雕图案是在众多工匠日积月累的实践经验基础形成的形式感，在雕饰过程中，不断有新的形式和规律应用在石雕形象组织表现中，使南山寺石雕艺术的表现性脱颖而出，达到预期的效果，感动每一位参观者。

南山寺石雕图案设计灵感来源于生活，来源于民众对事物产生的感知与认可，通过形与意的结合传达出象征寓意和吉祥内涵。南山寺建筑装饰石雕图案的构成形式在统一中具有变化，统一是指装饰图案的外形基本为线刻海棠池子，变化是指装饰形象与表现的变化。通过不同形象之间的组合，形成观者可以感知到的形式美，并触动其情感反映。装饰图案作为内容多样和形式个性化的外在表现形式，形象地展现了佛教建筑具有得典雅古朴的美感，以个性化艺术语言表达不同时代人们的心声。装饰图案无论采用何种方式表现，都以实现装饰美感为标准，力求实现圆满及完美，具有理想化色彩。

一、图案的对称性美

在中国皇家建筑、民居建筑艺术中，大量使用对称性形式规律。由此现象可以看出，中国建筑装饰形式感深受儒家文化礼制思想的影响。在南山寺的建筑装饰石雕图案中，对称法则基本遵循左右对称规律布置图案。这种图案的设计与表现，在建筑装饰空间中，具有稳定性、平衡性和层次性，在对称中寻求严整方正的节奏感，彰显了图案的秩序性和平衡性，给人一种庄重的规律之美。南山寺中的对称性图案从整体上来看，它们使用相同的形式规律，形象相同，内涵一致，但是在形象的造型及细节表现上有所区别。如图3-76栏板上植物为同种植物，造型结构相似，但是结构与细节表现具有自身特色。同一块栏板上两块区域的纹样在结构与面积分布上保持平衡、主次分明，纹样在形态、结构之间相互呼应，图案的整体结构上具有对称的形式美感，在组织形式上表现出和谐变化。此外，也有部分几何化纹样呈现绝对称美，纹样充满韵律感和节奏感。如图3-77中卷草忍冬纹造型相同、图案外形对称稳定，非常巧妙和谐，给人一种稳定、平衡的视觉感受。

图 3-76 栏板上的植物纹样

图 3-77 卷草忍冬纹

二、图案的均衡性美

在石雕装饰中，工匠通过对石雕纹样造型结构得有序排列，力求在观者的视觉感受上实现图案均衡美，使观赏者在欣赏过程中，主体无意识地接收受图案传达的佛教文化和审美思想。南山寺建筑中出现的均衡图案在纹样安排上，利用事物结构实现纹样结构的均衡，或利用事物结构与运动方向实现均衡。遵循均衡形式完成的图案具有运动感、节奏感和对比性。图案在中心骨骼两边安排形态、数量以及留白等形象构成要素，利用元素组合、力势达到视觉平衡。南山寺装饰石雕图案上积极利用均衡的原理，使图案的组织形式富有变化，富有表现力的形式美衬托出图案表现对象生命力的旺盛，与观者在心理和视觉上的感受相契合，从而形成视觉形式感知完成自身修身养性的目的。如图 3-78、3-79 构图基本一致，表现图案形象不同。每个独立的海棠池中纹样完整，相互独立存在又相互呼应，在统一中具有多变化性，丰富了图案形式感，给观赏者心灵以最大的释放空间。

图 3-78　栏板上的青菜纹样

图 3-79　栏板上的植物纹样

三、图案的运动性美

要抓住形象的生长特征、运动规律和动作特征，在图案的设计与雕饰中，进行重点刻画和表现。在图案形象的表现过程中，按照预定图案的设计与构图，巧妙利用雕刻内容的典型运动规律和特征完成图案表现，实现组织与穿插和谐的视觉效果，促进视觉感受力的提高和精神境界的愉悦。雕饰植物图案对象主要是抓住植物向上生长规律以及枝叶之间叠加、起伏与穿插，实现造型及结构的自然生动。在审美活动中，深化对世界、环境与人的理解。动物图案则主要表现动物的形体运动节奏，充分发挥想象力，使图案形象具有跳跃感与运动美，充满节奏感与力量感。图案内在审美思想和文化内涵借助媒介物态化表现出来，使其成为独立的艺术品。

图 3-80 海棠花纹样

图 3-81 莲花纹样

五台山南山寺建筑装饰石雕图案形式美主要体现在对称与均衡、条理与节奏三方面，体现出形式美语言的丰富性，富有变化得表现性，使南山寺建筑装饰的艺术氛围浓重，在形式美中实现富有深刻内涵象征寓意的表达、艺术价值展现以及文化关照。建筑装饰中使用的大量具有审美与装饰功能的图案，在遵循对比与统一、对称与均衡、条理与节奏形式法则下，实现形式与内容的完美统一。总的来说，图案形式美的合理运用，使画面处理效果富有美韵，赋予形式表现规律与严谨，实现图案创作目的、形象与环境的完美统一。

第七节　五台山南山寺建筑装饰图案个案研究

南山寺中建筑装饰石雕图案以汉白玉和青石为装饰材料，匠师们根据建筑装饰材料所属构件形成的空间进行纹饰设计，给我们留下丰富的"图形遗产"。这里的"图形遗产"是指南山寺建筑装饰图案脱离建筑载体后，体现的具有象征性和审美价值的图形。南山寺中众多石雕形象内容，其图案形象中包含的吉祥文化、佛教文化、思维方式、审美价值、人生态度以及文化内涵，在建设社会主义幸福的道路上仍具有借鉴和参考价值。

南山寺建筑装饰石雕图案紧紧围绕建筑图案存在的位置与面积进行设计，空间和材料制约着附庸在建筑上的装饰形象的内容和组织形式，图案形象比例协调，统一中具有变化，造型运用直线、曲线、短线等不同线条进行形象细节刻画。作为具有装饰意味的南山寺建筑石雕装饰图案，其构图、造型和工艺都具有独立的审美价值。图案中运用不同的雕刻工艺，充分展现雕刻工匠的技艺和艺术修养。"四季平安""福禄寿三星""五福捧寿"等图案中包含的积极向上、坚定乐观的审美理想。这些图案折射不同时代人们的生活追求、宗教信仰，成为今天研究者窥探古人精神世界的真实窗口。

一、南山寺福禄寿三星图案研究

在我国民间，福禄寿三星形象在民间广为流传，深受百姓崇拜。福禄寿三星最早可以追溯到远古的星辰自然崇拜。民间百姓依据自己的意愿赋予三星非凡的神性和独特的人格魅力，在民间百姓的心中具有非常重要的地位。"对福禄寿三星的崇拜也集中体现了中国农耕、手工业时代的吉祥观念，表达百姓对生命的关注，对美好生活的向往，对自身社会价值的追求。"[24]

（一）福禄寿三星的典型造型

福禄寿三星各自独立的故事很早，但是合在一起称为三星却较晚。在神仙故事中，较早见到的三星的故事是在《西游记》中。孙悟空在万寿山偷吃人参果并将树推倒，师傅唐僧因此事而落难，只有医活树才能救师傅。于是孙悟空乘祥云到蓬莱仙道寻求医树之方，在此处见到了福禄寿三星。禄寿福三星形象在明代已经普遍流传。现在所能见到的禄寿福三星形象，最早为明代绘本。"始见于明万历朝，此三星原为民间流传的天上三吉星，福星寓意幸福，禄星寓意高官，寿星寓意长寿。三星均为老者形象"。[25]清代康熙瓷器中体现的道教吉祥纹样中常见纹样包括福禄寿三星，这种现象与清代皇帝崇尚、追求长寿、福禄的心理相符，是当时历史发展过程中必然出现的文化现象。

图3-82　明万历景德镇窑五彩福禄寿三星图盘（线稿）

福意为福气，福运，福神形象一般为天官形象，一身朝官形象，红色袍服，足蹬朝靴，五绺长须，慈眉善目，手持如意或书写"天官赐福""纳福迎祥"等字样的条幅。禄，意为俸禄。禄神在民间诸多艺术形式中采用谐音借代的方法，用鹿代替禄神。科举考试之后，禄又有功名利禄的象征。禄星比较典型的模样为：一幅员外郎形象，头簪富贵羽毛，长眉慈目，三绺长须，笑容满面，或抱婴儿，或手持笏板，手持羽毛扇。寿寓意健康长寿。寿星也称为南极老人，是中国神话中的长寿之神。在民间艺术形式中，寿星形象多为：弯背弓腰、白须长眉、头额隆起、笑容可掬、一手持龙头拐杖，一手捧仙桃的形象。有时候，寿星骑在鹿的身上，旁边有捧仙桃、持拐杖的仙童，寓意福禄寿于一身。福禄寿三星出现在一幅纹样中，象征吉祥喜庆、富贵荣华、福寿康宁的吉祥寓意。

（二）南山寺福禄寿三星纹样构成分析

福禄寿三星为比较常见的福禄寿纹样之一。福禄寿三星为道教神仙人物，由于他们迎合了百姓对福禄寿的美好愿望，因此演变出"三星在户"的吉祥语。在年画、剪纸、版画等艺术形式中，福禄寿三星有以下两种形象。一种为福星手拿"福"字，禄星手托金元宝，寿星拄拐，捧着寿桃，寓意三星高照，鸿运通达，福如东海寿比南山。另一种福禄寿三星纹样则是采用象征手法进行表现，分别用蝙蝠、梅花鹿和寿桃取代三星，以其谐音寓意福、禄、寿。

南山寺中的福禄寿三星组合构成主要有两种。第一种是三星人物形象。以人物表现三星形象中，望峰台的福禄寿三星中寿星的造型特点明显，高高的脑门、守住拐杖，手捧寿桃。福星站在中间，手持如意。位于右侧的禄星，手持拂尘。左侧的武士，表情威严，一手放在腰上，一手握着兵器；右侧的仙童手持如意和折枝仙桃枝。周围雕饰云纹。画面遵循中心对称布局，画面分布均匀，视觉感受浪漫。板心中的人物形象头部刻画细腻，五官表情丰富，神情自然，主体形象突出，画面充满动感。在祥云的映衬下，人物飘逸之感跃然于画面中。三进院高台下的照壁选取福禄寿全身、半身形象。他们慈眉善目，寿星一手拄拐杖和一手捧桃、福星手持如意，禄星手握羽毛扇，周围饰以如意云。第二种以寿星为主体形象周围雕饰鹿、鹤、祥云形象。二进院高台下的照壁上福禄寿三星，采用象征手法表现福、禄、寿三星的纹样。围绕寿星人物，周围雕饰鹿（禄）、鹤、祥云（福），纹样四角雕饰琴、棋、书、画纹样。画面形象饱满，刻画疏密有致，内容适合特定建筑构件外形，布局适度，寓意吉祥。

（三）南山寺福禄寿三星图案造型特征

1．人物造型

南山寺三星造型夸张头部，看不到脖子，多表现正面的人物形象。人物脸型圆润，表情刻画生动，服饰刻画细致，衣纹流畅。造型雕刻手法以浮雕为主，局部造型中有镂空效果，借助线条造型，缺乏透视变化，但强调对称，富于装饰趣味。在特定的空间范围内，展示画面主体形象。图3-83、3-84三星人物占据装饰空间主体部分，中间高两侧低，组成稳定的三角形构图。中间的福星头部为正面，手持如意，左侧的寿星头部为3/4右下角度塑造，手捧仙桃；禄星为3/4左下角度塑造。这种布局可以有效地将视线集中到中间人物的头部，视觉效果紧凑。图3-84以寿星为主体形象，寿星脚踩仙石，人物头部为正面，配上回望鹤和鹿，周围环绕松树、祥云，以渲染吉祥如意的喜气场面。服饰可以体现人物的身份特征，衣纹的处理则可以体现人物的性格特征。衣纹产生是由于人体自身运动和外力影响两个因素产生。

当然不同人物的衣纹与其身份相符，表现各有特点。南山寺中三星人物的衣纹宽长舒卷，有意夸张袍袖的摆动，添加飘带，助飘逸欲举。旁边的武士服饰（图3-86）衣纹方直硬挺，显示刚毅勇武之气概。

图 3-83　福禄寿三星

图 3-84　福禄寿三星

图 3-85　寿星

图 3-86　武士

图 3-87　童子

2.道具与配景

　　南山寺三星人物周围配雕一些道具和景物，一方面是材料与技艺客观因素形成的；另一方面服务于装饰效果以及情节表述，添加形象辅助观看者可以快速解读图案形象信息。此外，在观者近距离观赏时可增加图案细节表现的趣味性。这样表现的特点与民间造型艺术近看、细看、耐看的特征相同。道具一般是人物身份的典型特征，福星手持如意，寿星手捧的仙桃，禄星手握的拂尘和羽扇，这些道具直接告诉受众自己的身份。禄星手握的拂尘，在汉传佛教中喻义扫去烦恼，成为佛教的法器。

　　配景形象主要具有两方面的功能，一是对图案装饰视觉观感与雕刻技艺的凸显，二是清楚地介绍人物的生活环境和故事发生的地点。福禄寿三星周围配雕的松树、祥云等，满足情景需要和吉祥内涵表达。

（四）结语

禄寿福三星形象集中地反映了中国农耕、手工业时代的吉祥观念，以朴素而直白的艺术语言，表达百姓对生命的关注，对美满生活的向往，对自身社会价值的追求，迎合人们对福祉、长寿的需要。南山寺石雕福禄寿三星装饰注重结合雕饰部位的形体考虑图形表现和装饰性，总体造型统一有序，细部富有变化，极富情趣，技艺娴熟、神韵生动、魅力无比，使建筑装饰显得华丽厚重。福禄寿三星形象中包含的吉祥文化是中国老百姓的一种伟大信仰和不懈追求，表现出人们对物质世界与精神世界无止境的向往和追求，成为中国吉祥文化的一个标识纹样。作为传统装饰元素，设计师应该积极挖掘石雕图案元素与现代材料、审美等结合起来进行再设计，使传统纹样焕发新的活力。

二、南山寺瓶花图案艺术研究

南山寺望柱上出现的瓶花纹样基本遵循对称与均衡的方式进行布局。花材包括菊花、牡丹、莲花、梅等；花器有双耳瓶、水晶瓶、系帕陶瓶、花瓿、陶盆等，瓶口取阔，造型多样质朴；花型有宗教插花、新理念花和文人花。这些瓶花纹样与柱形完美结合，远看优美，近则耐看，体现出因器制宜、因材施艺的装饰特点。

（一）佛教插花的起源与发展

佛门称花为"华"，它是佛教十供养之一。瓶花供养最早见于文献是在4世纪末到5世纪初期秦佛陀耶舍、竺佛念共译的《四分律》卷三一："时，彼女即还，入父园中。园中有清静浴池，池中有七茎莲花。五花共一茎，香气芬馥，花色殊妙。复有二花共一茎，其花色殊妙。见已便生此念：'我今观此花极为妙好，我宁可采此花与弥却摩纳，令心喜悦。'即采花置水瓶中，出园外，遍求弥却摩纳。""释迦尚未成佛，还在修菩萨道，名为弥却摩纳。采折殊妙的莲花插入水瓶，给予弥却摩纳就是对尚在修菩萨道的释迦佛的供养。这是最早见到汉译佛教经典中讲到的瓶花供养。"[26]

东汉末年，佛教由印度传入，花是六中佛事供物之一。用瓶花来供养佛菩萨在印度有比较早的记录。东汉康孟祥译的《修行本起经》载："须臾佛到，……佛放光明，彻照花瓶，变为琉璃。"这里提到了佛前供花的意象。连云港市孔望山的东汉佛教造像已经出现了用莲花供佛的图像。"在佛像之旁，一名高鼻深目的胡人右手执一枝三瓣莲花，用以供佛。"[27]龙门石窟北魏孝明帝孝昌三年（527）皇甫公窟北壁，释迦佛与菩萨之间有一瓶花供养，如图3-88所示。瓶为撇口、粗颈、鼓腹、喇叭形高足，瓶口出莲花，莲花高高的竖立于瓶上。[28]龙门石窟宾阳洞中石质浮雕——《帝后礼佛图》（图 3-89）中描述一位贵族妇女。她左边的手中持有一束莲花，中间主枝花头为怒放的莲花，两侧各衬一枝比主枝花头低的含苞欲放的莲花与莲蓬。整体形象高低错落呼应，造型生动，是当时皇家用插花来礼佛的写照。山东临朐北朝画像石（图 3-90），花瓶位于龙后，花瓶为撇口、细直颈、修腹微弧，覆莲底座。阿尔伯特·维多利亚博物馆藏北周菩萨（图 3-91）就应该是密宗的十一面菩萨，时间正好与北周十一面观音经的传入中国时间相同，正好是与密宗兴起有关，应是最早的手持瓶花的菩萨形象。在《南史·萧子懋传》中关于佛前供花是这样描述的："有献莲花供佛者，众僧以铜罂置之，渍其茎，欲花不萎"，象征对佛教的信仰。这些资料均表明，瓶花为供养之花。佛前供养瓶花于大约在 500 年左右的北朝早期在中国北方成为一种独特的供养形式，遂在 6 世纪中叶的南北朝晚期达到高潮，并且由此展开各种形式的瓶花供养，北朝晚期出现的碑头供养、随处供养的瓶花供养形式，是作为对佛前供养的补充。尤其值得注意有两点。第一，在中国历史上出现的各种瓶花供养的形式，在南北朝晚期均呈现出完整的面貌，成对瓶花供养影响到南朝的墓葬装饰，促成唐以后成对瓶花供养佛、神、祖宗乃至厅堂摆设的滥觞。相对于北朝时期及其之前的瓶花放置于地面，北朝晚期菩萨手持瓶花的形式开唐代密宗菩萨瓶花的新风。第二，在北魏时期的瓶花伴菩萨图像直接成为宋以后水月观音、杨柳观音和瓶花伴高士图的灵感渊源。[29]以上所述皆为瓶花供养方式，全部属于供养瓶花系统。

图 3-88　龙门石窟北魏孝明帝孝昌三年（527）皇甫公窟北壁瓶花（线稿）

图 3-89　《帝后礼佛图》（线稿）

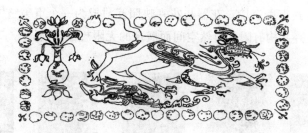

图 3-90　山东临朐北朝画像石墓青龙图上的瓶花供养图（线稿）

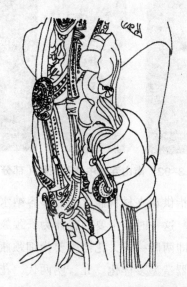

图 3-91　阿尔伯特.维多利亚博物馆所藏北周观音石雕像单手持瓶（线稿）

（二）南山寺望柱瓶花的艺术特点

在佑国寺石栏杆的望柱柱身上，看到瓶中插花纹样的花材纹样内容不单有宗教插花，也包括富有寓意人格、富含吉祥的花材。大量的瓶花装饰纹样，在实现装饰效果的同时，也承载佛教散花供养礼仪内涵。图案以具象为主，纹样类型为单独纹样，装饰性极强。这种纹饰采用压地隐起华和线雕的技法，形象生动，主次分明，技艺高超，营造出浓厚的宗教氛围。柱身装饰的瓶花花材有菊花、莲花、梅花、牡丹等。纹饰注重花形、花瓣和叶子的整体形态，花形端严，注意气势联络与呼应，造型基本遵循均衡的原理。纹饰中花叶均衡，花枝繁盛，花朵数以单数为主。与明代以前壁画、砖雕上出现的瓶花形象相比，除以往注重花头的刻画外，还对枝、叶进行刻画。每瓶花只取一种花材，花枝一丛怒起或几支同时生长，既体现出花卉的自然之美，又显示出植物枝条的力道之美。枝与叶之间的空白疏密相间，打破呆板繁乱，具有东方式审美意境。花器与花卉映照互衬成为一个审美整体，瓶花图案欣赏就是瓶器与花卉共构有限的自然空间而展现的无限想象空间。

图3-92　南山寺瓶中插花花材（部分）

花器是插花用具，是指供花卉材料插置并能够容纳水的器具。佛教瓶花艺术到唐代后，在花器上有变化。这一时期主要的花器为长颈鼓腹瓶、长颈修腹瓶、直颈瓶。到北宋，佛前三供，即两瓶一炉，花器主要为细颈瓶口瓶。到了金代，供瓶下有高脚托几或矮桌，且花器造型多样化。元、明两代，花器多为双耳瓶，瓶花供养更加普及和世俗化。南山寺瓶中插花花器造型众多（图3-93），如罐状瓶、撇口高颈鼓腹高足瓶、盘口细颈鼓腹瓶、平沿短颈鼓肩瓶、双耳瓶、盆、觚，花器上雕饰如意纹、鱼纹或开窗进行装饰，或瓶身上雕饰飘带、系帕，或刻有"福""禄"等文字。部分花器下面放置几上。高濂在《遵生八笺·燕闲清赏下·瓶花三说》中说："瓶花之具有二用。如堂中插花，乃以铜之汉壶、大古尊罍，或官哥大瓶如弓耳壶、直口敞瓶，或龙泉耆草大方瓶；高架两旁，或置几上，与堂相宜。"[30]南山寺插花图案主要出现在室外的望柱上，空间宽敞，花器上既有复古的形式，又有创新的姿态。无论采用哪种花器，除尽浮华，显现庙堂装饰的古朴、高雅。

图3-93　南山寺瓶中插花花器造型（部分）

花与器比例为 2:1 或 3:1。瓶花纹样保留了清代民间插花技艺的艺术特色，但是在纹饰内容上有所突破。如瓶花图案中吸收国画花鸟画的构成内容，增加飞禽形象，体现瓶花图案的艺术旨趣，丰富了佛教建筑石雕装饰内容。南山寺望柱瓶器、花材造型体现出当时的闲赏美学观念。"清雅"是装饰纹样形成的样貌，是设计者根据建筑环境以及其自身修养形成的旨趣，期望参观者通过纹样化、超尘脱俗的插花艺术，体会生命中的真实状态，感应人生的真理，获得人生的洞见和生活的智慧。

（三）南山寺瓶花图案的设计思想

南山寺作为特定的宗教活动空间，其花卉图案作为佛教重要的散花仪表现在建筑中，烘托宗教氛围，庄严道场，表达人们对佛陀的崇敬，象征佛法的殊胜，以及信众的虔诚；同时装饰中使用的莲花等花卉形象，一方面折射了儒家的道德修养和伦理规范，另一方面也体现了道家的"天人合一""崇善自然"的思想。这些依附于建筑的代表真实鲜花的花卉图案形象构成了宗教建筑中视觉礼仪的一部分。

1.适用性

南山寺中多种花器和花材的应用，突破以往花器和花材类型。在明代以前，不是任何民俗符号都可以进入佛教寺院装饰艺术中。到明代，更多的花鸟植物、几何纹样的变形被纳入寺庙建筑装饰中。这些瓶花装饰纹样既有敬神的思想，又有世俗化的祈福思想。瓶花供养主要是对佛、菩萨的供养，期待佛的长久居住，以便达成信众内心愿望。纹样中蕴含了百姓所喜爱的美好寓意，如"牡丹富贵""一品清廉""四季平安"等。装饰艺术中的世俗性契合了中华民族对吉祥文化的心理需求，这种特殊的文化内涵和思想情感，可以与人们内心对美好生活向往相呼应，使佛教思想得民众的认可。

2.雅致性

瓶花装饰纹样的造型语言包括叶子、花头、花器。梅花与瓶、盆与菊花等不同形象，在构成形式上遵循均衡法则，形象组织错落有致。在组织形式上，纹样具有节奏感和韵律感，呈现丰富的视觉特征，适应特定宗教建筑空间装饰要求，也体现出文人的情趣和雅致。富有创造性和意趣的不同装饰形象进行组合，使其在有限的空间内形成生动而丰富的装饰效果，增加建筑和环境的美感，满足了民众审美心理的需求；同时，也体现出"亭台具旷士之怀，斋阁有幽人之致"的雅致设计思想取向。

（四）结语

南山寺中插花纹样重视瓶与花的组合含义和象征性，重视意境的表达和欣赏，表现出对生命的尊重和珍惜，也体现出人不屈生长，向光、无争的生存，用优美自然的花枝创造出寺院环境的宁静与和谐，表现出"一叶一世界，一花一乾坤"

的艺术境界。在清雅、朴实、舒朗中，寄寓佛教文化，在优美自然空间中，弘扬佛法。从南山寺插花纹样可以管窥明清时期清雅复古的美学旨趣，借此可以探索中国佛教建筑装饰的艺术和文化精神，进而探微插花艺术在现代生活中的应用等这类实际问题。

三、佑国寺天王殿的门装饰图案研究

在中国传统建筑体系中，寺庙建筑的大门称为山门。佑国寺山门为砖砌的拱券式造型，其上书写"不二门"。佑国寺天王殿的大门为拱券式板门，大殿墀头雕饰两幅人物纹样。佑国寺天王殿的大门两侧墙垣门相对较小，在门上部建造牌楼式门头，门两侧雕饰垂柱，门上雕饰门簪，门柱下端雕饰人物纹样。天王殿殿门与侧门整体造型华美，工艺精湛。对天王殿们的装饰图案开展研究，可以丰富南山寺建筑装饰艺术研究，并为今后建筑纹样设计提供参考。

（一）天王殿殿门与侧门装饰图案题材

天王殿殿门与侧门装饰图案主要饰于门券、墀头、迎风、压面、门柱下端，取材根据建筑级别进行选择，门上中心图案体现皇权思想和吉祥文化。其题材主要包括瑞兽类（龙、凤、卷草龙）、人物类（门神、天女散花、《三国演义》人物）、植物类（牡丹、兰草、竹）。图案样式趋于程式化。天王殿殿门与侧门装饰图案无论是题材，组织结构较为丰富，装饰内容体现了人们对美好生活的向往以及佛教祈祷国家兴盛愿望。

（二）天王殿殿门与侧门装饰纹样分析

天王殿殿门与侧门装饰纹样造型以写实为主，结合雕饰位置的外形进行纹样的设计与组合。纹样运用对称、均衡的形式法则，设计采用添加、组合等方法，形象多样。图案构图饱满，充满动势，表现出理想境界。

图 3-94　天王殿殿门纹样

1.龙纹造型分析

天王殿殿门与侧门上装饰的龙纹主要有正面龙、云龙、行龙、草龙四种。其中，正面龙、云龙、行龙主要装饰于门券上端、迎风；草龙则出现在侧门横梁上。无论哪种龙纹，龙首健硕，神采焕发。天王殿殿门正中间券门上雕饰正面龙，两边雕饰云龙，正面龙龙身先向左又向右，周围雕饰云纹，面部表情威严，具有一种神圣不可侵犯之意；两侧云龙，回首弯曲，龙身曲线流畅，周围同样饰以云纹；门柱上的龙纹雕饰为单龙戏珠，龙纹表情平和，一波三折，体态生动，给人一种亲切感。这两处龙形纹样适合弧形的券门结构或方形外形，整体造型布置按照对称式或均衡法则，雕刻手法采用浮雕手法，形象刻画上雕饰龙角、龙鳞等细节，形象较为写实。两侧门的横梁上雕饰草龙纹饰，中间雕刻饰有"寿"纹的龙珠，龙珠两侧的龙相对而行，组成二龙戏珠纹样。在相对行进的龙后面，雕饰回首的一条龙，构图均衡，形象舒展，富有韵律感。二龙戏珠寓意天平盛世、祥瑞、和谐、光明普照大地。

图 3-95　单龙戏珠纹样

图 3-96　二龙戏珠纹样

2.双凤朝阳纹样造型分析

凤鸟作为天下太平的象征、如意吉祥的瑞物。双凤朝阳寓意天下太平，祥瑞降临。天王殿殿门上雕饰由两只凤凰，中间雕饰一株牡丹，其上捧托刻有祥云、圆形的"日"字。两边雕饰喙衔牡丹枝，回首、张翼扬尾的凤纹，展翅飞翔的凤凰，优雅生动。中间雕饰的"花捧字"的造型，最早这种造型最早应用在明代前期的瓷器纹饰上。这个时期花为莲花形象，文字、主要为梵文。根据"花捧字"造型的组成形象来看，它是由藏传密教中梵文产生，之后传播到汉地的一种纹样。这种图案到清代中期对"花捧字"造型内容进行改造。"具体方法：一是将上面的梵文字改为汉字'寿'、'福'、'喜'、'吉'，体现汉族文化看重的美好寓意；二是将下面的捧托之花，在莲花之外又增添灵芝、牡丹等植物……"[31]佑国寺天王殿上"花捧字"的造型中花为牡丹，取其花头与枝干，字为汉字"日"，两侧的凤纹尾羽排列整齐有序。凤纹下面各雕饰一株枝叶繁茂的牡丹，有的花蕾怒放，有的花蕾低垂，有的花蕾含苞欲放。凤凰与太阳组成双凤朝阳。凤凰、牡丹象征光明和幸福，整体造型适合弧形券门，纹样构图丰满，繁缛不乱。

图 3-97　双凤朝阳

图 3-98　"花捧子"造型

3.武将门神纹样造型分析

门神作为中国古人纳祥避灾的精神支撑，是中国民俗文化的一个重要符号。在佑国寺天王殿两侧的门柱下端上雕饰四幅造型取材于门神年画的石雕人物形象，为研究民间门神作为道界门装饰形象提供了鲜活的图像资料。角石正面上雕饰武将形象中既有男将军形象，也有戎装装束的女将形象。造型符合"画将无脖"的民间话决。人物以成对形式出现，形象只搭配祥云。立式男、女武将形象身披盔甲，手持武器，英武神勇。天王殿北侧的侧门门柱下端雕饰来源于立式武将门神的装饰形象（图 3-99）。其中一位男武将形象表情怒目圆睁，须发直立，虎视眈眈，腰佩剑，手握竹节钢鞭，一手位于腰部，根据人物刻画及手握武器，应为民间门神之一的尉迟恭。另一位形象为长髯和柳叶凤眼搭配，人物形象慈善俊朗，腰佩剑，手握竹节铜，一手位于腰部，根据人物刻画及手握武器，应为民间门神之一的秦琼。天王殿南侧的侧门门柱下端雕饰来源于立式一男一女武将门神的装饰形象（图3-100）。男性门神形象为眉清目秀的青年武将形象，手握长枪，身披飘带，一手位于腰部；女武将形象刻画成美人样，气静眉舒，温文尔雅，英姿飒爽，腰佩剑，身披飘带。在年画中，经常表现的两位女将门神分别为秦良玉和穆桂英。秦良玉带领夫职，参加多次战役，战功卓著是唯一一位记载到正史中的巾帼英雄。纪振伦小说《杨家将通俗演义》中的穆桂英形象，家喻户晓。她武艺超群，是杨家女性将领中的杰出人物。这两位女性人物作为忠君爱国、武艺超群、战功卓著，受到民间百姓的喜欢。在门神形象泛华后，百姓选择他们内心认为可以保护他们的英雄形象作为门神，于是人们将这两位女将奉为门神。"在北京密云地区，穆桂英常与其丈夫杨宗保一同作为门神形象出现。"[32]五台山与杨家将故事发生地同处一地，门装饰艺术中吸收让百姓感到亲切英雄人物，使人们的心理得到慰藉。由此可以推断，这两位人物形象可能分别为穆桂英和杨宗保。这两种借鉴门神形象的人物刻画的线条刚劲挺拔、曲直对比强烈，动作受到戏曲中人物动作的影响，使人透过线条可以感受到男女武将形象具有的一种强烈正义感。从视觉美感出发，一文一武，有张有弛，自然产生一种韵律感，使画面更为丰富。人物形象构图饱满紧凑，空白的区域辅以云纹、飘带等形象，画面充满极大的感染力和张力。饱满整齐的构图理念与人们追求"美"和"满"的文化观念分不开。饱满的形象是为了心理的追求上得到满足、圆满，达到祥和的目的。

图3-99 尉迟恭与秦琼

图 3-100　秦良玉与穆桂英

4.情节人物纹样造型分析

天王殿殿门券门的下端及墀头上雕饰有《三国演义》和《封神演义》的情节人物形象。构图主要采用竖构图和横构图两种，故事场景注重情节的表现，人物头部主要以 3/4 侧面为主，通过衣饰、表情、衣纹等表现人物的身份和动态，重在表达人物内心包含的精神和气韵以及故事发生过程。画面故事借助山石、马、车、建筑等形象，连接和分割画面。故事情节经过匠师们的主观处理后，进行组合再创造。雕饰内容清晰明朗、结构清晰。故事情节较简单的，人物形象特征明显；故事情节复杂的，人物众多，且动作表现生动、场景复杂，刻画手法多样，疏密合理。这些纹饰的抢眼之处在于，丰富的表现内容以及图案中包含的文化内涵。

图 3-101　《封神演义》情节人物形象

三、佑国寺天王殿的门装饰图案艺术特点

（一）题材内容趋吉纳祥

龙、凤形象的出现，一方面体现皇权至上思想，另一方面体现出一种趋吉纳祥之意。吉祥祈福观念是由于古人对自身生命和生活缺乏安定感而产生的一种内心夙愿。《说文解字》中对"吉"的解释为："善也，祥，福也。""唐中期后，佛教为了易于民众理解、消化和在民间传播，一方面主动接受了天人合一的思想以适应民众往生欢乐的心理，一方面又满足了大众对神秘事物天人感应的热切期望。佛教开始不断揉进符合民众心理的佛教故事、民间文学和民间娱乐，许多世事俗物逐渐模糊了佛教的传统教义，迫使其开始走进民间，接受世俗化，这个过程既是佛教思想的转换，也是吉祥文化额发展。"[33]佑国寺天王殿门上装饰的龙纹、双凤朝阳、牡丹，以及仁、义、信人物故事形象的出现，可以看出其装饰内容主动迎合民众心理，借用各种民众熟悉的祥瑞图案以及人物神灵，寄托了人们对定国安邦的政治主张，满足人们对美满人生的祈祷。不同内容形象的组合排列，形式上消解了宗教建筑的威严之感，打破了佛教神圣庄严的氛围，体现出一幅天降祥瑞、天人合一的佛国净土，体现出装饰图案祈福纳祥的实用功能。

（二）构图饱满

佑国寺天王殿的三门及侧门上共有 19 块装饰纹样组成，整体构成华丽，构图饱满，人物特征典型。构图饱满是指构图内容基本占据装饰空间，没有大片的空白，笔笔相连，营造出充实满足感，纹样形象生动而富有变化。图案组织形式法则遵循平衡结构，左右基本对称的画面结构具有庄严平静的视觉感受，能够为观者提供一种十分稳定和平衡的视觉感受。图案的整体安排遵循中心对称式，画面和谐、统一。每幅装饰纹样故事情节独立，构图完整，主体形象和故事情节得到完整的表现。在佑国寺天王殿门上的装饰图案形象，暗含人们的理想和信仰，饱满丰厚的构图符合人们的圆满的心理追求。

（三）结语

佑国寺天王殿门上的装饰图案取自百姓中喜闻乐见的形象，装饰图案侧面表现了当时五台山对宗教信仰极其宗教信仰包容性。佑国寺天王殿门上的装饰图案内容丰富多彩，设计师可以运用抽象、夸张等设计手法，大胆采用不同的雕刻手法，将图案艺术展现在石材上，给我们留下内容丰富、具有世俗性的装饰图案，以及匠师们随形设计图案的匠心。在新设计理念下（低碳理念、交互设计、用户体验），设计师应以创意注入为主，利用重构、置换等设计方法，积极对其进行创新设计运用，

在区域旅游纪念品、形象宣传上整合、提炼设计元素，展现特有的石雕建筑文化，使现存的石雕图案焕发新的生机。

注释：

[1]雷圭元·雷圭元图案艺术论[M].杨成寅，林文霞，整理.上海文化出版社.2016：21.

[2]崔贻彤.南北朝墓葬中的"皿花"图像与佛教[J].大众考古，2015（7）：45.

[3]黄永川.中国插花史研究[M].杭州：西泠印社出版社，2012：12.

[4]吕品田.中国民间美术观念[M].南京：江苏美术出版社，1992：16.

[5]张道一.张道一论民艺[M].济南：山东美术出版社，2008：132.

[6]唐家路，孙磊.中国吉祥装饰[M].南宁：广西美术出版社，2002：1.

[7]李东风.中国民间美术时空欢[M].西安：陕西人民美术出版社，2009：77.

[8]谢琼梅，袁惠敏，刘乐君.图案基础[M].北京：中国民族摄影艺术出版社.2012：89.

[9]谢琼梅，袁惠敏，刘乐君.图案基础[M].北京：中国民族摄影艺术出版社.2012：91.

[10]雷圭元·雷圭元图案艺术论[M].杨成寅，林文霞，整理.上海：上海文化出版社，2016：51—52.

[11]巫鸿.武梁祠——中国古代画像艺术的思想性[M].柳扬，岑河，译.生活·读书·新知三联书店，2006：.

[12]吴山.中国纹样全集：宋·元·明·清卷[M].济南：山东美术出版社，2009：52.

[13]吴山.中国纹样全集：宋·元·明·清卷[M].济南：山东美术出版社，2009：53.

[14]李诫.营造法式[M].北京：中国书店出版社，2006：56.

[15][16]孙大章.中国古代建筑史：第五卷.清代建筑[M].2版.北京：中国建筑工业出版，2009：507.

[17]唐家路，潘鲁生.中国民间美术学导论[M].哈尔滨：黑龙江美术出版社，2000：109.

[18]张晓霞.中国古代植物装饰纹样发展源流[D].苏州：苏州大学，2005：152.

[19]李泽厚.美的历程[M].北京：文物出版社，1981：189.

[20]楼庆西.砖石艺术[M].北京：中国建筑建筑工业出版社，2010：30.

[21]张悦.政治文化向度与制度选择[D].上海：华东师范大学，2013：21.

[22] 张颖 . "福寿康宁" ——康熙景德镇官窑陶瓷吉祥图案微探 [J]. 美与时代：美术学刊，2017(4)：123.

[23] 徐恒醇 . 设计美学概论 [M]. 北京：北京大学出版社，2016：66.

[24] 王文源 . 中国吉祥图说：民间吉祥百态图说 [M]. 北京：中国工人出版社，2008：3-4.

[25] 周丽丽 . 瓷器宗教纹样、吉祥图案综述 [G]// 上海博物馆 . 上海博物馆集刊：第 7 期，上海：上海书画出版社，1996：126.

[26][28][29] 任志录 . 中国花瓶的早期形式——以石刻图像为中心 [R/OL].(2016-08-28)[2017-09-27].http://www.yangqiu.cn/wymuseum/3801143.html.

[27] 马大勇 . 中国传统插花艺术情境漫谈 [M]. 北京：中国林业出版社，2003：27.

[30] 高濂 . 遵生八笺（重订全本）[M]. 王大淳，校点 . 成都：巴蜀书社，1992：639.

[31] 李熊熊 . 明清瓷器 "花捧字" 纹样的起源与演变 [J]. 收藏界，2017（2）：41。

[32] 商亚敏 . 论中国武将门神画的艺术特征 [J]. 山西档案，2014（3）：30.

[33] 孔紫君 . 修定寺唐塔装饰图案特色赏析 [J]. 大舞台，2014（4）：232 .

第四章 五台山南山寺建筑装饰石雕装饰艺术特征形成的影响因素

南山寺的建筑依山势而建，以山水筑基佛教文化涵养。建筑外观的青色与周围自然环境和谐统一。南山寺建筑景观布局及建筑色彩与道教景观相同或相似，建筑装饰图像中不断重复出现道教神仙及暗八仙形象；同时利用自然地形建筑结构不断营造佛教氛围，使人步入寺庙便产生如同踏入佛国仙境的体验。寺庙装饰中形成具有自身特色的装饰氛围，受到多种元素的影响。

第一节 五台山区域匠作群优势

五台山作为佛教"四大名山"之一，长久以来形成了服务于佛教寺院群的诸多匠作门类。[1] 这其中包括石作技艺。"自明清以降，伴随着交流的增多，山西本省匠师后来者居上，逐步占据了优势。就目前情况看来，木作、画塑作主要集中于山西代县及其周边地区，石作主要集中于山西定襄县青石村与河北曲阳县东西阳平村。"[2] 五台山区域悠久的传统石作历史与杰出的技术、艺术成就，为南山寺的建筑石雕提供了优质的工艺资源，为石作装饰从制作到最后形象的呈现提供了技艺保障。目前，五台山常见的佛教建筑石雕装饰艺术主要集中在龙泉寺、南山寺、金阁寺等处。这些石雕装饰虽大多完成于清末到民国中期，但石雕的雕刻技艺的艺术和技术水平仍然较高，可以说是代表五台山地区传统匠作技艺的水准。南山寺建筑石雕装饰综合运用多种雕刻技法，表现不同类型、尺寸的装饰内容。

第二节　经济因素

元代 11 位皇帝倾仰五台山，极力宣扬佛法，尊崇佛教，大作佛事，祈福安民。《佛祖历代通载》卷二二中载："世祖尝以五台绝境，欲为佛寺而未果也。成宗以继志之孝，作而成之，赐名大万圣佑国寺。"[3] 程钜夫《雪楼集》内的《凉国敏慧公神道碑》中述："元贞元年（1295）建万圣佑国寺于五台，裕圣临幸，赏白金万两。"[4] 从 1297—1330 年期间，元成宗母亲徽仁裕圣皇太后等多位皇家成员到佑国寺中参观、拈香礼佛。后两次遣使在大万圣佑国寺诸寺中大作佛事。故可见南山寺三寺之一的佑国寺在元代是皇家崇奉的佛家道场之一，且寺庙经济较好，佛事颇多。

到清代，顺治、雍正、乾隆等皇帝表示对汉传佛教的兴趣，但清朝出于政治需要，始终未将汉传佛教提到首要的地位，但是清代五台山汉藏佛教的发展，也促进了万圣佑国寺佛教的发展。《钦命五台山敕建万圣佑国南山极乐禅寺碑记》中载，乾隆帝"因感菩萨之显佑，国泰民和"，下诏佑国寺"敕禅寺重修"。佑国寺禅寺的重修与补葺的经济来源除敕赐外，还依靠民间信徒。位于寺内天王殿前后，走廊的内墙下，镶嵌着高 1.3 米，宽 0.6 米的青蓝色功德板，共计 19 块，上面刻着捐资修建大万圣极乐寺的万人名字。此外，根据光绪十三年（1877）李自蹊《南山寺碑文》中述，寺庙住持普济到佑国寺后，看到寺院规模不大，便发愿依靠善信居士的布施兴修禅寺。经过仔细考虑，他决定亲自外出到东北等地募化，筹集资金。后经过几年的努力，募得大量修建寺庙的布施。南山寺从光绪三年（1887）开始再行修建的资金主要是化布施。到民国初年，由东北信徒姜福忱继续修建，直至 1937 年的七七事变，被迫中止。整个工程按计划虽未全部完工，但也形成了今天南山寺三寺（极乐寺、善德堂、佑国寺）合一的古刹琳宫。从以上分析可以看出，由于南山寺高僧云集，香火旺盛，极大促进南山寺佛教的发展。其经济主要来源多依靠帝王崇奉、尚布施和化布施，为南山寺寺庙的初建、维修、重修和扩建提供经济上的支持。

第三节　社会文化

砖木石至清代可称达到极盛时期，在建筑的可见部位无不充满着雕刻的图案，不论是题材的多样性，还是技法的高难程度，都超越前代。[5] 南山寺建筑石雕装饰艺术形成于清末到民国中期，石雕艺术注重技艺与美的结合，未忽略美学价值，没有受到"涂汰作生涯，雕花为能事"的一般匠人理念的影响，出现装饰过度的弊端，反而体现了雕饰高超工艺水平，实现了建筑雕饰技术与艺术、形式与内容的完美统一。笔者推断有以下的社会因素，推动南山寺佛教建筑装饰艺术的发展。

（1）审美文化的发展。清代新的富裕阶层追求居住环境质量，他们将大部分力量寄予艺术创作上，在建筑装饰上雕刻大量的匠心独居的雕饰艺术，以此体现建筑的地位以及修建者的思想。建筑装饰发展到清代装饰手法多样及普及化，且规制限定并不严格。作为"青庙"类型的南山寺，即使处在清代"黄庙"发展迅速的环境下，依然受到皇家崇奉以及信徒大量布施，促使建筑装饰规模与质量都形成了非凡的气象和独特的韵味。

（2）政治因素的影响。"三教合一"思想在明清两朝颇为盛行。心理结构作为文化环境与艺术结构之间的纽带，在特定文化环境的影响下可以形成人们内心深层的个体文化特征，在特定群体中，将这种特征不断实现延续。在装饰设计中，装饰内容形象、地域文化特征在工艺美术等其他艺术的发展过程积淀下来，形成具有个性化和区域化的形式结构。这种区域内形成的共有的思想境界影响南山寺建筑装饰石雕艺术设计。南山寺在重修、补葺、扩建的过程中，正处于"三教合一"的时代大背景之下。在建筑装饰上，呈现出道教人物图案（如八仙形象），儒家忠、孝思想的图像与佛教内容的图案，同处在石栏杆、墀头等装饰构建中，呈现出与官式做法相异的题材驳杂和风格不清。南山寺建筑石雕装饰在形式和内容上迎合以儒家文化为正统的世俗君主的尊严和权威。比如说，勾栏上出现的龙凤形象，具有正统文化的严肃性和礼仪性，造型上具有清代纹饰的优雅、精细的格调。龙纹造型选择象征最高权威的五爪龙，它们或以平稳的神色俯瞰人间，表现出一种慈悲济世的情态；或抓云拽须，张牙舞爪，表现出一种要惩恶的愤怒。凤凰则衣羽华丽，气质高雅，展翅翱翔，具有善良的气质。有研究者指出："建筑材料与建筑装饰材料在人的智慧的活用，经时间的洗涤，成工艺和历史地理之和，使得它与审美者之间释放出一种特殊的灵性融合。"图案既有具象，也有抽象，或二者结合，线条流畅，栩栩如生，十分精彩。尽管南山寺石雕装饰追求仪式化、秩序化、开放性的特征，但其仍体现出深厚的佛教文化内涵和强烈的世俗意味。南山寺修建过程中正处于中国内忧外患、战争频发的阶段，动荡的社会背景促进南山寺装饰形成"开放包容"的态度。此外，当时主持南山寺修建工程的普济和尚原是清廷官吏，本来崇信先天道，后来又充任先天道改换门户的九宫道道首，在五台山出家后改信佛教。普济出家后非常重视戒法，对于佛寺的兴盛非常尽力，由此可以看出普济是一位恪遵传统佛教仪制的法师。对于普济的宗教思想则是杂糅了道教思想，如在一份《对单护照》中，包括有三清教主、无生老母等形象。

此外，在《立世宝卷》《根本经》等中记载了普济教法中含有大量三期末劫的民间教门思想。南山寺的石雕作品因而具有多教合一，诸神混杂，大大突破佛教仪轨的神秘色彩，超越了场域规定性出现种种"泛吉祥化"的造型形式。

（3）明清民俗文化的影响。"三教合一"打破儒释道界限，政治上利于统治地位巩固，文学、艺术上则呈现世俗和民俗化，大众的、现实的审美渐居主导。南山寺建筑装饰中出现了大量的小说人物、瓶花、国画图案以及吉祥图案，典型的题材有喜上眉梢、狮子滚绣球、奔马迎日、双凤朝阳、猪八戒登仙山、瓶中花等。这些寓意深刻的人物、国画及植物等纹样得使用，可以看到装饰内容受到明清"图必有意，意必吉祥"装饰纹样特色的影响，体现出当时佛教在自身发展中，装饰内容为向民众普及宗教思想、适应百姓的文化水平、迎合本土文化而出现装饰理念，即求生、趋利和避害。

（4）价值观念同源性。中国哲学中的"天人合一"观念，作为中国传统设计价值观念的命题之一，大量出现在工艺、器物等人类造物活动中。张立文在《传统学引论》中将"天地万物本吾一体"作为传统价值之源。作为一种思维方式，"天地万物本吾一体"脱胎于朴素的自然观，即以人为中心。在这种精神实质的指导下，南山寺建筑装饰体现出求生、求吉的装饰思想，且图案中包含的宗教感情同审美感情趋向一致，对生活幸福和进取精进追求进行充分肯定；在"人本"观念下，宗教崇拜具有一种实用理性，并不强调个体完全转化，更多看重世俗机缘的福分，渴望在生命坎坷和生活、社会环境不理想的状态下得到护佑，因此，南山寺建筑装饰石雕图案出现了大量关于中人性的形象与内容，淡化了宗教的神圣性。另外，装饰图案中体现"包容开放"的精神，世间万物与自己的生命融为一体，在这个序列中，无论是宗教与宗教，还是宗教与世俗才有了相遇、共存和交融，在设计中吸收、融合与创新呈现和谐发展，表现出"一花一世界，一叶一乾坤"的精神世界。

第四节　佛教文化的圆融性

佛教在中国传播的过程中，不断吸收中国传统文化，使其宗教思想得到统治者的认可，并在民众中能够广泛传播，实现佛教的发展。在佛教传入以前，中国已经形成以儒家思想为代表的世俗伦理道德。佛教传播后，佛教一方面发挥自身的圆融性，对中国传统文化进行吸收和融合；另一方面在中国传统文化的影响和作用下，佛教文化融入中国传统文化。在多种因素的影响下，佛教建筑装饰在发展过程中其神性色彩逐渐淡化，产生出新的、世俗化的装饰艺术内容。

第五节　佛、道、儒家思想的影响

在佛教中，称花为"华"。将花供奉在佛菩萨前，叫作"献花"；散布坛场周围的称为"散花"，它是佛教的十大供养之一。"在东汉最初的佛教造像艺术中，如江苏连云港市孔望山的东汉佛教造像，已出现了用莲花供佛的图像。在佛像之旁，一名高鼻深目的胡人右手执一枝三瓣莲花，用以供佛。"[6] 由此可见，瓶中插花起源于佛教。插花装饰艺术以纹样的形象出现在建筑装饰中，具有深刻的精神内涵。南山寺作为特定的宗教活动空间，这些花卉图案作为佛教重要的散花仪表现在建筑中，烘托宗教氛围，庄严道场，表达人们对佛陀的崇敬，象征佛法的殊胜，以及信众的虔诚；同时，装饰中使用的莲花等花卉形象，一方面折射了儒家的道德修养和伦理规范，另一方面也体现了道家的"天人合一""崇善自然"的思想以及佛家普度众生的奉献精神。这些依附于建筑的代表真实鲜花的花卉图案形象构成了宗教建筑中视觉礼仪的一部分。

南山寺建筑装饰石雕图案地形成受到环境和时代的影响，体现着设计与技术的双重属性，也包含了无数雕刻者匠心独运的结果，激发着人们的参观欲望和好奇心。几乎无一雷同的建筑装饰内容，积极迎合五台山区域的文化信仰和审美趣味，营造出人们心中向往的佛国世界。

注释：

[1] 张昕，陈捷. 世界文化遗产地匠作研究——五台山石作技艺与组织经营机制的演化与发展 [J]. 华中建筑，2011（10）：156.

[2] 陈捷，张昕. 世界文化遗产地匠作研究——五台山佛寺匠作概说 [C]// 中国建筑学会建筑史学分会. 第五届中国建筑史学国际研讨会会议论文集：上. 广州：华南大学建筑学院，2010：331.

[3] 肖雨. 南山寺佛教史略 [J]. 五台山研究，1997（4）：9.

[4] 肖雨. 南山寺佛教史略 [J]. 五台山研究，1997（4）：8.

[5] 孙大章. 中国古代建筑史：第五卷　清代建筑 [M].2 版. 北京：中国建筑工业出版社.2009：462.

[6] 马大勇. 中国传统插花艺术情境漫谈 [M]. 北京：中国林业出版社，2003：19.

第五章　五台山南山寺建筑装饰石雕图案艺术特征

　　五台山南山寺石雕装饰元素写实生动、娴熟而洗练，装饰内容与建筑结构完美结合，既起到基本的装饰功能，又对环境氛围作了合理烘托，富有感染力。建筑上出现的石质雕饰艺术具有装饰题材多元化、图案设计个性化和细腻化以及吉祥文化外化的特征。

第一节　多元化装饰题材的共存

　　南山寺建筑石雕装饰设计的图形内容，主要包括反映儒、道、佛思想的纹样、国画图案和吉祥图案。首先，佛、道、儒家思想以及吉祥文化通过人物形象、器物符号、珍禽瑞兽、祥花瑞草以及戏文故事等图形来表现。既体现儒家思想中的忠、孝、义，也呈现道家追求的人与自然融合的思想，同时还在深厚的佛教文化中植入世俗的吉祥寓意。首先，装饰内容中狮子、鹿（图5-1）等形象的出现，体现儒家"仁、智、勇"和"仁、礼、义"的道德规范。其次，在南山寺石雕装饰形象中，塑造道家神仙图案及其法器。如大众喜闻乐见的道家八仙形象（图5-2）、寿星（图5-3）及暗八宝等法器形象，寓意驱魔消灾、降福延寿的吉祥含义。装饰纹样中出现的植物纹样，明显受到道家思想的影响，追求一种天然本真的美。在自然肌理的作用下，给人以素朴雅致、自然率真的美感，将建筑美与自然美相融合。最后，代表佛教文化的典型符号莲花形象，代表圣洁、清净、从此岸到彼岸的寓意。佛教中用莲花、葡萄、石榴花等形象弘扬佛法。石雕装饰图案把中国的传统精神中"天人合一"的境界，通过艺术形式转移到石雕装饰上。利用装饰形象，体现出民众的宗教信仰、对自然朴素之美的追求，以及人们内心深处对未来的向往和祝祷。此外，笔者发现南山寺建筑石雕装饰除佛、道、儒家思想共存之外，其建筑装饰中也出现大量表现天下太平、富贵、长寿、多子和旺文寓意，典型的纹样有二龙戏珠、双凤朝阳、天女散花、象驮宝瓶、五福捧寿、松鼠葡萄、麒麟吐书、鲤鱼跃龙门、竹石图等。尽管南山寺建筑石雕装饰图案只是南山寺建筑装饰整体中一部分，但是从中可以折射出南山寺建筑装饰图案大大突破了佛教内容，呈现出多种文化与思想共存的整体态势，表现装饰内容的开放性和融合性，即"多神、多福共存"，体现求满求全的审美思想，营造出区域寺庙建筑独有的装饰思想。多宗教形象的融合，也可以看出信众只从自身的需要出发，民间对佛、道部分，二者的宗教活动在民众心中基本相同。

图 5-1　鹿形象

图 5-2　八仙形象（左为汉钟离，右为韩湘子）

图 5-3　寿星形象

第二节　石雕装饰图案的表现

一、石雕装饰图案构图的个性化

图案主要是用于中心的、局部的单独图案和组合图案。单独图案多取整形式，以方形线刻海棠池子（图 5-4）、三角形（图 5-5）为主；组合图案则包括中心四岔（图 5-6）和适合形（图 5-7）。这两种图案多取中轴对称式和均衡式，图案多注重结合器物或载体考虑形体表现，即遵循"纹饰依附于结构"的造型法则，呈现出因器制宜、因材施艺装饰的重要特点。石雕图案整体效果考虑纯熟，点线面节奏合理，结构或对称或均衡，图案装饰意味浓重，在有限的空间中寻找一种均衡美，既使建筑生动而极富情趣，也显示出建筑装饰艺术非常重视技巧和美，凸显出建筑装饰的特色与韵味。如望峰台上正中间栏板板心雕刻内容为福禄寿三星（图 5-8），福星居中，禄、寿二星相伴两侧，人物周围饰以如意纹。板心采用对称式构图，画面分布均匀，视觉感受浪漫。板心中的人物形象头部刻画细腻，五官表情丰富，神情自然，在祥云的映衬下，人物飘逸之感跃然于画面中。石栏杆的地霞上饰以博古架。栏板装饰整体构图繁简处理得当，饱满丰富，画面排列有序、主次分明，内容适合特定建筑构件外形，布局适度，勾勒出一幅极富浪漫主义色彩的纹饰形象。图案的表现性、实用性和审美性的完美统一，凸显装饰的实用价值与装饰功能。石雕图案全是依附功能而表现装饰，图案的表现并不是随意堆砌，使参观者在审美的过程中既能欣赏到图案所体现出的寓意和美感，而且还能得到思想上的熏陶、精神上的洗礼。

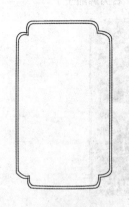

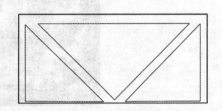

图 5-4　方形线刻海棠池子　　　　　　图 5-5　三角形

图 5-6 中心四岔

图 5-7 适合形

图 5-8 福禄寿三星

二、图案表现的细腻性

随着商品经济的发展，人们更加注重建筑环境质量，建筑装饰相比明代更加精细。南山寺石雕图案线条表现采用短线条、折线和云纹卷曲线，表现出一种细腻的感觉，层次异常丰富，努力寻求超越与变化。如直接移植绘画内容的水纹（图5-9）、山石等装饰纹理、人物形象的服饰细节（图5-10），借鉴国画中白描中的线描技法，线条表现具有韵律性和秩序性、疏密与虚实适当，形象刻画细致，图案装饰线条细腻，具有刚柔相济的艺术效果，将绘画中的线与雕刻的面有机融合在一起，充分展示当时雕刻匠人高超的雕刻技艺。

图 5-9　水纹　　　　　　　　　图 5-10　福星蟒袍纹

三、典型化的图案意义表征方式

典型化的图案表征方式有以下几种。一是直描，即直接取材于历史故事、典故、佛教传说等以示吉祥的题材，[1]如佛教八宝、道教八仙、福禄寿三星、穆桂英挂帅、牛角挂书等。二是象征，即取有吉祥合顺意义的动植物、器物为装饰母题，暗示吉意，[2]如龙（天子、君权）、荷花（高洁）、菊花（长寿）、松（长生）、竹（君子、高洁）、云朵（祥瑞）、桃（长寿）等。三是借音，即借动植物、器物名称之音韵以示吉祥，[3]如瓶（平安）、竹（祝福）、鹿（禄）、水仙（仙）等。四是组配，即将直描、象征和借音的各种图案音义并用，组合搭配成一幅图案，表示出吉祥话语，如五福捧寿、喜上眉梢、瓶中插花等。这些丰富的图像资源，实际上给今天的我们展示了十分难得的艺术创造和社会生活方面的历史讯息；同时，也使南山寺石雕装饰艺术染上了鲜明的世俗化色彩，具有浓重的生活气息。

第三节　吉祥文化的外化表现

在中华民族的传统观念中，吉祥如意使最基本的精神最求。南山寺建筑装饰图案中大量包含百姓喜闻乐见的吉祥文化，内容多取吉祥之意，并无严格的"宗教规范"束缚，在视觉装饰内容上形成福、禄、寿、喜、财相互渗透、相融一体的特征，是中国吉祥文化的外化表现，带给他们心灵的满足。

出现这种现象，笔者推断有以下三方面的原因：第一，鲤鱼跃龙门、五福捧寿等吉祥图案和喜鹊登梅、瓶中花等国画纹样的大量应用，受到明清时吉祥纹样和国画图案盛行的时代特征的充分浸染。第二，在以礼治国、以礼制人的思想在中国2000多年的封建社会中贯彻始终，天、地、君、亲、师成为不可动摇的等级制度，福、禄、寿、喜成为上至君王下至百姓的共同追求。南山寺建筑中所雕饰的民间奉为吉祥瑞兆的植物、动物纹饰，具有强烈的民俗意趣和功利意趣，表现出百姓所崇尚的伦理情感、生命意识和宗教情怀。第三，南山寺在三寺联为一体时，正处在国政腐败、外辱内乱时期，为宗教在民间的发展提供了土壤。处于苦难深重之中的民众在无力自保的情况下，转向了佛门，求佛对个体生命的庇佑。南山寺作为信众内心精神寄托的宗教场所，其建筑装饰石雕图案更接近民众的切身利益，内容与民间吉祥文化、儒道释融为一体，雕饰大量的含有福禄寿吉祥文化的图案形象，体现出南山寺石雕装饰图案趋俗化的设计思想。

第四节　图案设计的叙事性

叙事是人类本能的表达方式，是人类生活中必不可少的文化活动。弗鲁德尼克说："叙事性是对经验性而不是对行动和事件本身的符号再现，经验性本身是世界中的个体人类意识对世界进行的一种中介行动。"从这一点来理解，叙事性可以在戏剧、绘画等艺术题材中存在，用非语言形式来讲述故事。叙事可以看作读者用以解读文本的过程，作者用以叙述材料、处理视觉经验数据的认知框架。[4]基于此才使我们研究南山寺建筑装饰石雕图案的叙事性成为可能。建筑装饰中借助装饰图形来构件一种空间图景，从而使人获得心理上的体验。叙事包括叙事者、媒介和接受者。叙事媒介与接受之间建立的密切的关系，作为建筑景观中的装饰图像也就具有了叙事性。设计纹样中各种形态元素及文字形象的使用，纹样与所属建筑空间属性积极配合，利用视觉组织方式形成特定心理与心理意义的意象空间，营造出一个充满空间意味的有生命力的"场"。建筑装饰图像与装饰空间紧密结合，赋予佛教建筑装饰图案以思想内涵，使身处其中的人们可以获得自然、人文的美的感受，理解图像形式表层背后更深的精神内涵，从而在唤起观者以饱满、深刻的情感，得到心灵上的认同感，在心里产生感动和无尽的生动意象。意象包括意念和具象两部分。意念是作品内容的灵魂，关键是用形式语言将思想和精神内涵实现外化，指思想和观点表现在作品中，是其核心部分。在传达的过程中，为了将无形的思想表达给受众，语言利用图形可视化的特点，将其图形化后进行表达。具象是指将自然美艺术化，提高人们的审美情趣。叙事性的表达关注空间结构的清晰可读，文脉上的可记忆和连续性，营造一个特定意义的空间场所，使身处其中的人可以获得一种场所感，一种有意义的空间感。装饰图像叙事表达不仅仅满足对物象的模拟和形似，还要尽力表达特定场所的内在神韵。

南山寺石雕图案的叙事线索按照寺院建筑、空间使用为线索，利用不同的图像创造出一个空间到另一个空间的关联性，这也是空间编排的关键。徜徉在建筑景观中，参观者更多关注空间与场景的序列感受，利用海上升平、福禄寿文化作为连接空间的图像要素，引导装饰图案的布设。在每一个寺院中制造似曾相识的图像，使整个空间图像呈现序列性。南山寺装饰图案设计与布置着眼于叙事者，强调人们对于场所的体验。场所内出现的内容与空间共同记录场所内发生、发展的故事。南山寺照壁的图案设计和其前面的 108 级台阶，作为参观者的参观起点，在建筑与图案的引导下，参观者兴趣盎然。登上 108 级台阶，看到由雕饰图案的石桥和素平的汉白玉牌坊组成的第二组图像景观序列。走过石桥，穿过石牌坊，带给接受者以无尽遐想。登上石牌坊后的石阶，便来到装饰内容丰富的三摩地钟楼。进入三摩地空间比较规整，威严寺庙的内部面貌出现在参观者面前。寺院中利用门、影壁和台阶作为空间叙事的连接结构，逐步将参观者引入石雕图像高潮的佑国寺。佑国寺图像以石栏杆两侧饰有龙纹的抱鼓石作为开端，其内以福禄寿文化为主要线索安排设计瑞兽、花果、吉祥纹样、故事场景等装饰图案，最后以殿壁前、后的龙纹和凤纹结束雕饰形象的高潮。叙事性图像采用典型人物和典型场景的局部再现与表现，传达出佛教塑造世界的繁华。南山寺建筑装饰石雕艺术依据特定主题，层层推进，先抑后扬，最终使装饰图案跳出"形"的束缚，最终走向"事"（宗教精神、场所精神、人文精神），从而实现形式、空间于意义的三位一体，让空间主题更具张力和感染力。

第五节　图案设计的世俗性

一、人神世界的融合

大量的世俗纹饰走进佛教建筑装饰中，人物表情中体现世间情感（喜怒哀乐）的各种观念，人和神的内在气质融合为一体，分不清是人还是神。南山寺中神仙形象的描绘基本脚踩祥云或周围祥云围绕，从容舒缓，身姿潇洒。在这里既有神的世界，也有人的世界：手持宝物具有神性，人物表情、动作、装束却具有世俗的，神性与世俗不分彼此，富有生活情趣。凡人世界的表现中，将武将形象刻画成金刚的形象、女性形象身披飘带具有仙女的气质，这些人物脚踩山石，辅以云纹。

二、世俗观念的表达

在南山寺石雕图案设计艺术中，在寄托象征神性的理念的同时，蕴含着各类世俗观念的表达。这一方面是超越神性的，另一方面是世俗的各种理念。多种形式的龙纹和凤纹图案的应用，是设计图案世俗化的突出表现。皇权思想、吉祥文化、道教思想影响鲜明，世俗理念完全成为装饰艺术的主题。

三、生活化的宗教形态

早期宗教艺术是为传播宗教理念，随着日常生活的不断介入，生活化的理念不断渗透到宗教形态中，宗教形态也逐步生活化。南山寺建筑石雕图案中突出表现的意蕴已经不再是神，而是现实生活中的贵胄、军民、僧尼。其装饰内容形象丰富，富有生活化气息。

注释：

[1][2][3] 孙大章 . 中国古代建筑史：第五卷　清代建筑 [M].2 版 . 北京：中国建筑工业出版社，2009：507.

[4] 程洁萍 . 一种叙事的建筑——斯蒂文·霍尔研究系列 [J]. 建筑师，2004（5）：90.

第六章 南山寺建筑装饰石雕图案装饰艺术美韵

第一节 石栏杆的美韵

一、南山寺石雕栏杆装饰的构思美

法国著名的雕塑家罗丹曾说："所谓大师，就是这样的人，他们用自己的眼镜去看别人见过的东西，在别人司空见惯的东西上够能发现出美来。"生活中需要一双发现美的眼睛，从中寻找、发现创作的灵感。爱因斯坦说："想象力比知识重要，因为知识是有限的，想象力概括着世界上的一切，推动着进步，并且是知识进化的源泉。"南山寺寺中的石雕栏杆以佑国寺保存最为完整，佑国寺三进院栏杆装饰（图6-1）以传统吉祥图案的福禄寿三星为中心，辅助图案以祥云、蝙蝠、卷草龙等形象作为烘托，使栏板整体装饰内容丰富，重点突出民间认可的福云、长寿、官运亨通的题材。

图6-1　福禄寿三星造型

图6-2 寿星造型

图6-3 福禄寿三星造型

图6-4 佑国寺栏杆造型

图 6-5 佑国寺栏杆造型

佑国寺栏杆装饰反映出当时五台山地区工艺装饰的审美装饰趣味，是人们内心善良天性的体现。在民间吉祥文化装饰审美下，形成独特又鲜明而直观的装饰细节表现，并将和谐的吉祥审美理念贯穿其中，从成为民间工艺装饰艺术中的典型构思的意境营造。"福禄寿三星之说起源于明代。成仪于明代的《金斋玄灵转经早朝行道仪》记录，在为皇家诵读《太上玄灵北斗本命延生真经》时，祈请神灵中，除三清、玉帝、北斗七君星外，还要祈请南极老人寿德星君、上清福德星君、上清禄德星君。《中天紫薇星真宝忏》也有'礼拜福星天德星君、禄星天佑星君、寿星老人星君'的内容。现在，道教和一般群众大都认为福星指的是天官。"[1] 在《史记索隐·封禅书》中有关于"寿星祠"地说明："寿星，盖南极老人星，见则天下理安，故祠之以祈福寿。"《史记·天官书》上说，"北斗之上有六星，统称为文昌宫。宫中所有星神都能主宰人的功名利禄……经过道教的演绎，禄神成了被玉帝任命为掌文昌府及人间功名、禄位之事的神明，称为'梓潼帝君''文昌帝君'或'文曲星君'。"[2] 福、禄、寿在仙界虽为散仙，但在人间人们却是十分崇拜他们。在民间俗神中，福、禄、寿三神称为"三星"。民间吉祥语中有"三星高照""三星在户"，寓意福、禄、寿三星拱照全家，从而家人多幸福。从福禄寿三星的构图来看，内容虽然相同，但是表现手法却不相同，体现出构图的变化性的同时，也体现出雕刻的匠心。福、禄、寿是百姓对美好的向往，它是一种感受、一种心情，要靠自己取创造，去体验、去追求。佑国寺中栏板中除以上典型的福禄寿三星图像外，栏板上还分布八仙、暗八仙、琴棋书画、祥禽瑞兽、折枝花果等形象。从艺术的内容和形式的关系来看，这些纹样具有隐喻性，将吉祥的内容寓意与装饰形式中，内涵与寓意需要揣摩和领悟。透过最通俗的图像可以看到装饰纹样内容涉及、包容了各种人的不同愿望和希求，这些都是人生最重要的东西。栏板上出现的不同纹饰装饰构思意境选取我国传统装饰中三星、蝙蝠、鹤、桃子、如意、鹿、松树等纹饰，集中体现了和谐、吉祥、神韵的装饰审美追求。

在经济改革开放的今天，人们对"福"的理解多种多样、层次不一，但是有一点是可以肯定的，古今有识之士认为物质生活富裕与精神境界高尚的完美统一便是福，但是不能够分夸张物质生活的分量，而是应注入更多的道德内涵。

二、南山寺石雕栏杆装饰的形式美

栏杆的功能主要是两方面：第一是实用性，第二是装饰性。实用性从人的安全角度出发，装饰性体现出和谐美观的追求。栏杆设计时主要是针对栏杆与望柱的造型、整体布局、连接配合、比例尺度以及栏杆与周围环境的相协调等，是集功能、经济、美观为一体的综合构思。具有形式美的栏杆，可以称之为引人入胜的艺术品。马克思说："劳动创造了美。"人们总是按照美的规律塑造物体。石雕艺术的设计者与雕刻者运用自身的实践和知觉，按照美的规律结合美的因素，创造出符合民间百姓所能欣赏的形式感。建筑艺术的要素是以线条、形体和色彩感为统一体，同时在艺术作品中体现出中国传统美学范畴如平衡对称、调和对比以及统一多样性等，因而创造出极具民族感和地域性的形式感的建筑作品。南山寺为了使栏杆的造型具有变化性，着重栏杆中的柱头、栏板外形以及栏板装饰构图与内容的变化。其栏杆形制分为两种：一种是寻杖栏杆，另外一种是栏板式栏杆。两种栏杆是由寻杖、地栿、栏板和望柱组成。"工"字形平台两侧的寻杖栏杆其寻杖、栏板等横向构件均与地面斜下、平行，最下端设置抱鼓石。两种栏杆的望柱本身都由柱头和截面为四面的柱身组成。石作栏杆望柱头以圆雕为主，形式种类较多。根据柱头装饰花纹的做法，分为官式做法和地方风格的柱头。"工"字形平台的垂带栏杆和平台四周的栏杆的望柱头位置对称，装饰内容基本相同，但是同一装饰内容的位置呈现绝对对称和相对对称两种形式。佑国寺一进院望峰台栏杆垂带两侧的望柱头为火焰头单一重复，反复运用；而在平台四周的望柱柱头则遵循建筑空间的左右对称的形式，即以望峰台中心栏板及左右两侧望柱为中心，依次布置对称的柱头内容。栏杆中处于中心位置的栏板，栏板头吸收如意头的造型，改变直线形的造型，使栏板外形具有曲线美。除此之外，栏板外形还有方形、"亚"字形。栏板的装饰内容丰富，形象刻画多用曲线、短线；装饰图案构图有整形的海棠池子、方形，也有异形上构图分割与组合的形式。相对复杂的构图、纹样内容与简约的栏板、望柱的外形形成繁简对比。栏杆采用青石和汉白玉，色彩比较柔和。因此，南山寺体现出色彩丰富、相得益彰以及心情愉悦的美的感受。

（一）和谐感

和谐是中国儒家美学中的最高要求，栏杆所处的空间环境以及与建筑物的相互配合、协调一致，构建舒适、宁静的精神空间。栏杆中栏板与望柱造型统一中有变化，避免千篇一律。台阶两侧的栏杆轻快平稳。"工"字平台上的栏板造型适当变化，与栏杆整体相得益彰、相辅相成。栏杆装饰中使用纹样与栏杆造型形态紧密结合，考虑栏杆的整体装饰效果。在结构和功能上较合理，形象刻画细腻，重点突出。栏板式纹饰的装饰线条的曲直、对称、动静、盘旋等运动感，与栏杆整体的向上延伸之势相吻合。在唤起观赏者心理情感起伏的同时，也感受到纹饰圆满的均衡之感。栏杆的色彩与周围建筑色彩形成和谐的统一性，使寺庙增加庄重稳健感。这种由多种纹饰、线条与单一色彩构成的整体韵律之美，是南山寺石雕建筑装饰中的特色之一。英国当代形式论美学家罗杰·弗莱认为，中国的装饰艺术主要体现在其线的节奏韵律感上。南山寺栏板外轮廓线体现出流动和连续的节奏特征。栏板中出现的形象总是以一种有节奏的姿态表现。如狮子滚绣球、芝云翔凤、一路连科等装饰纹样，让参观者对纹样中的线条流畅而赞叹。线条的自由、顺畅，体现出一种飘逸、飞舞的律动美地追求。造型中大量出现的弧线、曲线、波浪线为主的纹饰能使人感受到飘逸自由的灵动感，视觉观感舒适、畅意。"这种立足于现实，从万相中采撷、提炼出来的'有意味的形式'手段，具有丰富内涵和相对独立的审美意味，其寄寓的时空意味和生命情怀在形象传达过程中具有中国传统审美意识。"[3]建筑装饰中用最少的装饰图形实现最优的装饰效果，暗含宇宙万物的无限生命力，是"天人合一"逻辑的延伸。

图6-6　望峰台平台望柱柱头（方框部分）分布

（二）因地制宜

美学家朱光潜先生说："此身，此时，此地。"栏杆内容与形象的布置，考虑使用环境、面向人群等。栏杆设计要有新意，不雷同，使其具有有益的形式美。栏杆的装饰艺术语言具有强烈民族特色。纹样形态中茎叶、花朵、花瓶、山石和鸟类是造型语言的重要组成元素。这些元素在组织形式上具有较强的节奏感和韵律感。梅花与瓶、竹与石、鸟与菊花等形象的组合，在形式上遵循均衡法则，纹样组织错落有致，呈现秩序性特征，适应特定宗教建筑空间装饰要求。多种装饰形象的组合，使其在有限的空间内形成生动而丰富的装饰效果，增加建筑和环境的美感，满足了民众审美心理的需求。在明代以前不是任何民俗符号都可以进入佛教寺院装饰艺术中。到明代，更多的花鸟植物、几何纹样的变形被纳入寺庙建筑装饰中。这些本土化的佛教建筑装饰纹样逐渐淡化了敬神的思想，更多体现世俗化的祈福思想，纹样中蕴含了百姓所喜爱的美好寓意，如"喜上眉梢""富贵竹"。装饰艺术中的世俗性契合了中华民族对吉祥文化的心理需求，这种特殊的文化内涵和思想情感，可以唤起人们深层次的思考。栏杆结构连续流畅，整体栏杆造型随山就势，积极利用山势，台阶斜度或缓或急，尽量把自然景观要素引入封闭的寺庙小环境中，形成人、寺庙建筑和自然生态环境的有机统一。在规划与建筑手法上，积极利用台阶将寺庙各个院落进行连接，手法灵活多变。建筑材料平和素雅，用料精紧，雕工紧致，但装饰并不事铺张。

三、南山寺石雕栏杆的装饰象征性

象征是人类表达自身内心心理活动与精神世界的一种媒介，是艺术中常用的一种表现手法，是一种具有普遍意义的文化现象。《辞海》对"象征"的解释为：①通过某一特定的具体形象以表现与之相似或相近的概念、思想和感情；②文艺创作中借助某一特定的具体形象来暗示另一事物或某种较为普遍的意义，利用象征物与被象征的内容在特定经验条件下类似和联系，使后者得到具体直观的表现。《中国象征文化》一书中对象征的释义为："象征，是借助文化形式表达另一种特殊意义的表意方式。"[4]张道一先生曾将"象征"定义为："借具体的事物，以其外形的特点和性质，表示某种抽象的概念和思想感情。"[5]由此可见，象征作为一种特殊的文化现象应用广泛。象征手法中借助的事物形象丰富多样，如图形符号、文字、行为动作等。从象征视角解读装饰纹样，可以帮助研究者完成由表象到内在文化的认识，完成形象背后深刻含义的呈现，完成南山寺不同纹样包含的文化内涵和时代特征的 深层解析。

南山寺栏杆雕饰中以不同表现形式出现的福禄寿三星形象、戏曲故事、文学故事等，显示出一种来世俗化的装饰风格。这种来自社会民众的审美情趣，事实上是一种个性解放、主体提高、人与人逐渐平等的表现。民间文化希望可以站在艺术表现的最前沿阵地；世俗的审美心理也可以主导时代审美情趣的发展，这本身就是对特权文化的反抗和斗争，像戏曲中'骂朝戏'就表现出了世人的解放心态和平等观念。[6]栏杆装饰纹样中雕饰的瑞兽祥禽有多种，可以分为两类：一种是自然存在的动物，另一种是人们通过想象创造出来的。如龙、凤、麒麟、狮子、鹤、鹿、猴等形象。龙是远古图腾的产物，古人认为它是中国最高的祥瑞，集九种动物特征，综合多种象征意义于一身，还是古代社会身份阶层的代表符号，具有勇猛、威武、神秘、吉祥、喜庆等象征意义，也是超自然的象征。凤凰原本为幻化和神化的产物。

《说文解字》云："凤，神鸟也。天老曰：凤之像也，鸿前麟后，蛇颈鱼尾，鹳颡鸳思，龙纹龟背，燕颔鸡喙，五色备举……见到天下安宁。"因此，凤凰是祥瑞的象征。麒麟为传说中的神兽，四灵之首。狮子在中国传统民俗文化中占有重要地位。到了宋代以后，狮子被世俗化后人们赋予它更多的功能和象征意义，成为吉祥的象征。鹤象征长寿。"鹰"的谐音"英"，古代用鹰代表英雄气概。这些纹样中既有力量的象征、生命的象征，也有吉祥的象征。栏板上雕饰的竹、兰、梅等形象，表达一种崇高的道德境界和古雅的审美修养，面对自然物象可以激励自己奋勇前进，挣脱心理的困境和平息浮躁内心，理解对象从而实现超越自己，提高自己的精神境界，内心对事物产生更加深刻地认识和理解。总之，南山寺石栏杆在装饰形式上，集合了众多充满吉祥寓意和谐的图案，超越了装饰意味本身，传达出深厚的文化底蕴和丰富内涵，体现出崇高人性的感悟——吉祥。

第二节　石牌坊的朴拙美

《说文解字》云："朴，木素也。""拙，不巧也。""朴""拙"即未经雕琢、纹饰的事物的本来状态。老子之谓"见素抱朴""大巧若拙"，庄子所谓"素朴而天下莫能与之争美"，明确表达了道家的哲学境界和审美思想。儒家的最高理想是"白贲"。贲卦专门讲解装饰，重点分析文质并存、相生相济的内容。"白贲"表达了一个重要的美学观点，即最高的装饰使"无饰"。《贲》象穷白，贵乎反本。"平淡是感动人心的真情，唯有真，才可以在石牌坊的雕饰中不见斧凿痕迹，体现出拙是"淡""真"的外衣，具有艺术的生命力。这种装饰手法可以使信徒忘却外界现实世界的困扰、忧虑，由对外在事物的追逐中返回到关注内心，感受内心自由、自然的状态，获得内心坚守的淡泊。"中国美学以'拙'为至高的生命境界，提出了要复归于拙，复归于真实的生命之道。真实的生命所蕴含的自然、自由、活泼的精神，是我们所向往和追求的。"[7]南山寺山门前的汉白玉石牌坊（图6-1），其造型特点拙朴和谐，依山而建，规模宏大，气势恢宏。其外观为三间四柱三楼，中间大而高，两旁稍低矮。整体建筑只有在屋脊、戗脊上饰有装饰，整个装饰尽显简洁古朴之美。整个牌坊外部突出表现汉白玉的块面，利用斗拱等结构形成装饰，着重整体结构、气势的表现，垂直简约的柱子与牌坊的顶部形成鲜明的疏密对比，产生一种稳定的质感，给人一种强烈的视觉震撼力，宗教色彩浓厚。结构上的巧妙与装饰上简洁，洗净铅华，减尽物欲，任素而往，直截根源，在朴拙中展现金刚不灭的本色美。在装饰形象之间的相互补充，形成疏密、曲直对比，整体效果上形成一种气象圆融、形式完美的和谐景象，结构与图形、装饰与审美达到和谐的审美表现，具有一种朴拙的装饰审美，给参观者留下区别于五台山其他寺院牌楼的装饰风格的印象。

对于当下的视觉设计来说，设计过程既要有视觉的"饰"，又要有隐含的内容——"质"。在传统文化向现代转型的过程中，在快餐文化、网络文化等的影响下，设计中对传统文化图像的简单复制、现代建筑装饰设计中不断接近"无饰"的现象，作为设计师需要静下心来思考"少饰多质"或"无饰而有质"中如何体现内涵，对于今天传统文化传承、乡村文化建设、社区环境的提升和美化，具有积极的意义。

图6-7　南山寺山门前的汉白玉石牌坊

注释：

[1] 王达人.中国福文化[M].北京：北京工业大学出版社，2004：5.

[2] 宋立达.具象吉祥 图说中国传统吉祥文化[M].北京：金城出版社，2007：21.

[3] 李珂.明清时期隆昌青石雕刻装饰艺术研究[D].重庆：重庆大学，2010：42.

[4] 居阅时，瞿明安.导论：从现象到本义——象征文化及研究[M]// 居阅时，瞿明安.中国象征文化.上海：上海人民出版社．2001：24.

[5] 李轶南.论中国器物的象征性特征[G]// 李砚祖.中国艺术学研究：张道一教授七十华诞暨从五十年文集.长沙：湖南美术出版社，2001：240.

[6] 周纪文.中华审美文化通史：明清卷[M].合肥：安徽教育出版社,2006：16.

[7] 王婷婷.中国古典美学中"拙"的美学阐释[D].广州：暨南大学，2013：44.

第七章　五台山南山寺建筑装饰石雕审美思想

　　在南山寺七重殿宇建筑装饰形象中，将中国传统视觉符号中的题材和表现形式完美地融入佛教装饰审美里面中，既有社会等级地位的体现，也有作为人对生命幸福感和吉祥如意愿望的希冀。民间视觉符号，在百姓的心中能实现意念性的满足，具有功利性。它能够带给人们精神上、观念上趋利避害、威严崇高的功利追求。在南山寺建筑石雕装饰中应用的装饰，与其建筑装饰结构外形相契合，既迎合了南山寺这个特定的环境氛围，又满足作为装饰纹样的功能需求。民间文化是民族精神表现形式之一，因此民间的视觉图像，尤其是民间传统吉祥纹样，为南山寺的主要装饰纹样之一。既能得到民众广泛接受，同时又很好地传达了佛教的思想意识以及统治者的政治诉求。其装饰来源之一为中国传统的书画艺术。建筑装饰中借鉴书法、国画的章法、笔法、留白等手法表现的形象和内容，与佛教的散花礼仪、儒家中正、道家天人合一的内容相吻合，与作为寺院主持的具有的文人情怀和个人修养暗合。

　　南山寺石雕的装饰纹样不仅为美观而设计的观赏性纹样，而且是佛教思想观念和吉祥文化双重作用的产物，体现出深厚的美学价值。在佛教思想的影响下，建筑装饰中随处可见的花和果，已经不再是单纯意义上的花果，而是作为宗教"散花"礼仪，具有了神圣性和严肃性。在礼制影响下，南山寺的寺庙建筑围合空间中存在诸多的社会功能，是一个缩小版的社会，而不是单一的宗教环境。南山寺多种题材复杂多变，将主体人的生活与客体自然，如天地、万物结合起来，从而做到"物我同一"。在吉祥文化的影响下，吉祥图案广泛应用在寺庙建筑装饰中，使其装饰艺术充满生活气息，成为永远的大众艺术。南山寺建筑装饰构图具有均衡平稳的特征，体现出中和之美，造型物象的数量体现单数为阳的装饰数字象征意义。中国建筑中的数理现象，具有明显的自然和谐的文化风格。中和，"中"即"中正"，"和"即合作和谐。这一儒家的美学思想外在表现是建筑中体现出地规范形制、对称性构图，富有均衡感的纹饰等。对称的形式或者说均衡感是南山寺石雕建筑最主要的装饰纹样组织形式，纹样中包含的勃勃生机和活力，符合中和的思想观念。寺院中出现植物纹样的数量大部分采用阳数，如花朵一般为 3 朵、5 朵、7 朵，有的甚至超过 9 朵和 11 朵。叶子的数量与此相似，甚至有 13 片的形制。这一现象即是装饰文化里的"奇数为阳，偶数为阴"的数量现象，也是装饰中考虑宇宙运行法则，希望天下太平，民众永享幸福。

传统石雕作为一种建筑装饰手段，还体现出教化功能。例如石雕图案中看待天与人、人与人的关系方面，重点关注官与民、人与神的关系。官与民的关系，既有政治层面，也有人与人之间的关系。其核心是居矛盾主要方面的官，为官者要勤政、廉洁、亲民、爱民，为官者要造福一方，自然会受到百姓的崇敬和纪念。南山寺石雕装饰纹样中雕饰的"一路清廉""松鹰"等形象表达廉政、爱民的思想，寄托着人们希望为官者能够廉洁自律。吉祥寓意的大量纹饰的应用，体现中国传统文化中的福、禄、寿、喜、财思想，也体现出佛神走下神坛关注人的需求。雕饰中通过描绘植物之间、植物与动物组合所呈现的和谐关系，体现了形象美、形式美、寓意美和语言美。

象征符号是社会的载体，是社会文化长期积累形成的。象征符号中能指符号与联系在一起的事物之间没有必然性。这一象征符号的形成完全是恣意性的结果。能指符号在一定社会背景中成为约定成熟符号。这一成熟的符号就可以替代事物本身，实现语义传达。"很显然，符号是人类思维的工具，也是人类创造的产物。人类主动地创造着符号这种文化成果，同时也被动地受到符号的重塑。人类正是在与符号的主客体互动中，获得了艺术的思维，也获得了运用象征的能力。"[1]南山寺建筑装饰应用的大量象征符号，反映了当时的社会背景与文化现象，体现了民间审美的意识形态，对平安的渴望、对长寿的祝祷、对未来幸福美好生活的向往，通过借助装饰图像，最直接将多种价值观呈现出来，使纹样既有装饰功能，还具有符号性。南山寺中大量出现的龙凤形纹样，就是世俗权利的典型象征。龙纹在封建王朝是权利的象征。此处龙纹的使用，不仅是对传统规格的反叛，也体现出对封建伦理的挑战。事实上，南山寺从动工到最后完成，处在风雨飘摇的清末到战乱频繁的民国中期。清朝末年，朝廷腐败导致国家、社会动荡不安，社会统治者无能力关注寺庙装饰这样的琐事，千年形成的装饰等级观念和行为无法约束佛寺装饰内容。"世俗的秩序理念彻底改造了佛的世界，人彻底代替了神，佛国已不再是遥远的天堂，而完全是人间权利秩序的表征。"[2]南山寺内建筑装饰石雕图案内容的寓意内容与民众内心集体无意识相结合，进而形成许多富有表现性的新纹饰。贡布里希在《木马沉思录：艺术理论文集》中，对象征和价值进行这样的分析与总结："随着我们逐渐远离过去的等级社会，象征和价值的问题事实上更加尖锐了。我们已经讲过，这种社会多么强烈地给陈述艺术的术语印上了参照体系。高雅与粗俗，高级与低级，'尊贵'与'平常'在今天只不过是用于形容曾经是有形现实的空泛并正在逝去的隐喻。"[3] 由此看来，南山寺建筑装饰纹饰逐渐摆脱社会等级观念的控制，集佛学思想、社会民众的价值观及心理学于一体，从图像学的角度反映出社会即将走向分崩离析时的民众个体性的苏醒和发展。

"建筑作为一门造型艺术，以建筑所特有的物质媒介来表现中国哲学的内在主题。"[4] 建筑一定会表达一定的主题，这是中国建筑具有恒长久远的历史价值，除了建筑中表现的艺术特征和建筑结构科学原理外，深邃的哲学意蕴的表达是根本缘由。南山寺建筑石雕装饰表达出儒家的"和"、道家的"道"、佛家的"心"以及人们对吉祥文化的追求，同时也体现出装饰中空间与意境的完美融合，体现出和而不同、天人合一和宁静圆满的思想。

"在古代的造物活动中，不但有为审美而作的设计，更多的是具有特殊象征意义的设计。久而久之，无论是以审美目的的设计，还是以象征为目的的设计，都会滋生出一种美的光晕。或者说，当这些设计脱离了当初的文化背景之后，它们会被现代人视为一种与古典美相似的美，并在现代生活中占有一席之地。"[5] 无论何种装饰形式，它们都有象征的含义，并在视觉审美中反映，成为审美的范畴之一。南山寺建筑装饰中的典型性装饰元素的表现，体现出世俗文化、宗教思想与文人理想的完美结合。它们跨越时空制约，成为一个时代文化的记忆因子。

注释：

[1] 钟福民. 中国吉祥图案的象征研究 [M]. 北京：中国社会科学出版社，2009：105.

[2] 姚喜君. 敦煌图案设计艺术的世俗性 [J]. 艺术与设计：理论，2009（12）：295.

[3] 贡布里希. 木马沉思录：艺术理论文集 [M]. 徐一维，译. 彭立群，校. 北京：北京大学出版社.1991：56.

[4] 王小回. 中国传统建筑文化审美欣赏 [M]. 北京：社会科学文献出版社，2009：7.

[5] 诸葛铠. 设计艺术学十讲 [M]. 济南：山东画报社，2006：101.

参考文献

[1] 曹林 . 装饰艺术源流 [M]. 北京：文化艺术出版社，2006.

[2] 陈嘉明，曹志平，毕文胜 . 科学解释与人文理解 [M]. 上海：上海人民出版社，2010.

[3] 陈捷 . 世界文化遗产地匠作研究——五台山佛寺匠作概说 [C]// 中国建筑学会建筑史
学分会 . 第五届中国建筑史学国际研讨会会议论文集：上 . 广州：华南理工大学建
筑学院，2010.

[4] 崔正森 . 五台山佛教史 [M]. 太原：山西人民出版社，2000.

[5] 董晓萍 . 田野民俗志 [M]. 北京：北京北京师范大学出版社，2003.

[6] 高濂 . 遵生八笺 (重订全本)[M]. 王大淳，校点 . 成都：巴蜀书社，1992.

[7] 侯文正 . 五台山志 [M]. 太原：山西人民出版社，2003.

[8] 黄永川 . 中国插花史研究 [M]. 杭州：西泠印社出版社，2012.

[9] 居阅时，瞿明安 . 中国象征文化 [M]. 上海：上海人民出版社，2001.

[10] 李轶南 . 论中国器物的象征性特征 [G]// 李砚祖 . 中国艺术学研究：张道一教授
七十华诞暨从教五十年文集 . 长沙：湖南美术出版社，2001.

[11] 李诫 . 营造法式 [M]. 北京：中国书店出版社，2006.

[12] 李泽厚 . 美的历程 [M]. 北京：文物出版社，1981.

[13] 刘森林 . 中国装饰：传统民居装饰意匠 [M]. 上海：上海大学出版社，2004.

[14] 楼庆西 . 中国传统建筑装饰 [M]. 中国建筑工业出版社，1999.

[15] 楼庆西 . 砖石艺术 [M]. 北京：中国建筑建筑工业出版社，2010.

[16] 楼庆西 . 砖雕石刻 [M]. 北京：清华大学出版社，2011.

[17] 楼庆西 . 装饰之道 [M]. 北京：清华大学出版社，2011.

[18] 吕品田 . 中国民间美术观念 [M]. 南京：江苏美术出版社，1992.

[19] 倪健林 . 中国佛教装饰 [M]. 南宁：广西美术出版社，2000.

[20] 欧阳琳 . 敦煌图案解析 [M]. 兰州：甘肃文化出版社，2007.

[21] 沈福煦，沈鸿明 . 中国建筑装饰艺术文化源流 [M]. 武汉：湖北教育出版社，2002.

[22] 宋立达 . 具象吉祥：图说中国传统吉祥文化 [M]. 北京：金城出版社，2007.

[23] 孙大章 . 中国古代建筑史：第五卷 清代建筑 [M]. 2 版 . 北京：中国建筑工业出版，2009.

[24] 唐家路，潘鲁生 . 中国民间美术学导论 [M]. 哈尔滨：黑龙江美术出版社，2000.

[25] 田自秉，吴淑生，田青 . 中国纹样史 [M]. 北京：高等教育出版社，2003.

[26] 王宝库，王鹏 . 佛国圣境：山西佛教寺庙与文化 [M]. 太原：山西人民出版社，2005.

[27] 王达人 . 中国福文化 [M]. 北京：北京工业大学出版社，2004.

[28] 王文源 . 中国吉祥图说：民间吉祥百态图说 [M]. 北京：中国工人出版社，2008.

[29] 王小回 . 中国传统建筑文化审美欣赏 [M]. 北京：社会科学文献出版社，2009.

[30] 翁剑青 . 形式与意蕴：中国传统装饰艺术八讲 [M]. 北京：北京大学出版社，2006.

[31] 吴山 . 中国纹样全集：宋·元·明·清卷 [M]. 济南：山东美术出版社，2009.

[32] 肖黎民，秦亚红 . 文殊智慧哲学精义 [M]. 北京：宗教文化出版社，2005.

[33] 谢琼梅，袁惠敏，刘乐君 . 图案基础 [M]. 北京：中国民族摄影艺术出版社，2012.

[34] 徐恒醇 . 设计美学概论 [M]. 北京：北京大学出版社，2016.

[35] 殷伟，殷斐然 . 中国喜文化 [M]. 昆明：云南人民出版社，2005.

[36] 张道一 . 张道一论民艺 [M]. 济南：山东美术出版社，2008.

[37] 张道一 . 吉祥文化论 [M]. 重庆：重庆大学出版社，2011.

[38] 张道一，郭廉夫 . 中国古代建筑雕刻纹饰 [M]. 南京：江苏美术出版社，2007.

[39] 钟福民 . 中国吉祥图案的象征研究 [M]. 北京：中国社会科学出版社，2009.

[40] 钟国发，龙飞俊 . 恍兮惚兮：中国道教文化象征 [M]. 成都：四川人民出版社，2007.

[41] 周纪文 . 中华审美文化通史：明清卷 [M]. 合肥：安徽教育出版社，2006.

[42] 周丽丽 . 瓷器宗教纹样、吉祥图案综述 [G]// 上海博物馆 . 上海博物馆集刊：第 7 期，上海：上海书画出版社，1996.

[43] 周绍良 . 梵宫：中国佛教建筑艺术 [M]. 上海：上海辞书出版社，2006.

[44] 诸葛铠 . 设计艺术学十讲 [M]. 济南：山东画报社，2006.

[45] 阿恩海姆 . 艺术与视知觉 [M]. 滕守尧，朱疆源，译 . 成都：四川人民出版社，1998.

[46] 丹纳 . 艺术哲学：插图珍藏本 [M]. 傅雷，译 . 傅敏，编 . 桂林：广西师范大学出版社，2000.

[47] 贡布里希 . 木马沉思录：艺术理论文集 [M]. 徐一维，译 . 彭立群，校 . 北京：北京大学出版社，1991.

[48] 米尔顿 . 环境决定论与文化理论：对环境话语中的人类学角色的探讨 [M]. 袁同凯，周建新，译 . 北京：民族出社，2007.

[49] 巫鸿 . 武梁祠——中国古代画像艺术的思想性 [M]. 柳扬，岑河，译 . 生活·读书·新知三联书店，2006.

结　语

　　石雕装饰在我国使用悠久。地上可考石雕装饰最早起源为汉代的实阙。在石雕装饰发展的长河里，其内容繁复、细碎，又与诸多社会因素联系紧密，展现出古代工匠建筑装饰智慧。石雕装饰图案是建筑中不可分割的一部分，其在欣赏中的实用功能不言而喻，而其中蕴含的文化内涵、审美思想又超越了实用功能。当我们驻足于南山寺大大小小的建筑中，浮躁的心灵可以得到慰。置身其中，你可以仔细品味建筑及佛像造型之精致，也可以凝注鬼斧神工的石雕艺术。南山寺建筑装饰石雕图案与中国传统文化存在密切的关系，题材与内容真切地镌刻着时代印记，观摩、细品石雕，可以近距离体味古人的内心世界。南山寺建筑装饰石雕装饰艺术巧妙利用寺内建筑布局，因材施艺，在"有法"与"无法"之间形成平衡，实现人工雕琢与自然环境完美融合。笔者将南山寺建筑装饰石雕图案作为"民间造物"开展个案研究，从图案本体、文化内涵及审美等角度对其进行思考和研究，并得出了一些启示。

　　第一，南山寺建筑石雕材料与装饰体现了人与自然环境、社会环境、寺庙经济基础、宗教信仰和民俗文化共同选择和适应的结果。南山寺以汉白玉石材为主，材料色彩与周围环境和谐统一，满足了功能性和审美性的需要。南山寺宗教文化的多样性、民众追求吉祥的心理、文学艺术的发展，都对南山寺建筑装饰产生影响。南山寺三寺合并之时，东北善人、信众为寺庙捐资、布施大量的资金，成为南山寺扩建提供财力支撑。

　　第二，建筑装饰雕刻题材丰富，大大突破了佛教范畴。寺院的建筑装饰内容中只保留了少量的佛教题材，大量吸收、融合皇家寺庙、民间建筑装饰内容，界线模糊。南山寺建筑石雕装饰内容注重结合形体来传达图案寓意。石雕纹样具有强烈的生命力和运动感，线条有力，装饰构图运用对称、均衡等形式法则，呈现出"满"的特征，具有独特的意境美。雕刻形象与儒、道、佛精神及民俗文化融为一体。装饰图案内涵与空间布局构成整体的叙事系统，从外在形象转成人们精神世界的"境"。装饰题材由单一向多元转变，一方面作为雕刻景观装饰寺院环境，折射出供养人追求吉祥的心理；另一方面传达出佛教祈求天下太平、众生平等、百姓安康的宗教关怀。从南山寺建筑石雕装饰中可以观察到，其吸收中国古代石雕艺术精华，雕刻工匠在"有法"与"无法"之间寻找平衡，不断突破与超越，使石雕装饰立体鲜活，体现出建筑装饰的无穷魅力，在一定程度上延续明清时期佛教寺庙石雕装饰趣味。

第三，南山寺石雕装饰艺术营造了一个特殊的审美场域，既受到民众实用功利的需要的影响，又受装饰对象要求的束缚，同时还受到区域文化、社会文化的影响。寺庙的石雕装饰中包含大量吉祥文化。题材多选用世俗化、寓意吉祥的内容，代表了南山寺建筑装饰艺术世俗化的审美趣味。南山寺建筑装饰图案从外在上体现出形式美感的美学特征，内在蕴含传统思维方式，实现了外在形式与内在意蕴的统一，体现了热烈、庄严的建筑装饰氛围。

第四，石雕图案技艺娴熟、神采飞扬、自由灵活。从精湛绝美的石雕艺术中可以推断当时南山寺在重修、扩建时，调动了很多资源。

南山寺建筑装饰石雕艺术作为中国传统砖石装饰艺术，体现了宗教建筑的装饰之美。石雕纹样借鉴中国传统图案的纹样。丰富的题材与图案表现手法为现代设计提供了素材和灵感。设计时在继承传统图案的基础上进行创新性探索，寻找传统与现代的结合点，将传统纹样与人们的审美观念相结合，对佛教装饰纹样进行重组与创新，并应用到设计作品中，使石雕图案焕发新的生命。

适度研究、探索与开发南山寺石雕图案，有利于传统古建筑的保护，传承区域建筑文化，提升设计的文化底蕴和魅力。笔者期望本课题对南山寺建筑装饰石雕图案的题材、内容、表现、影响因素、艺术特征等进行系统梳理、分析和总结，能对现代设计具有一定的启示性，使传统建筑装饰元素实现"活态"传承，拓展当代建筑装饰的表现手法。

收笔之时，艰辛的努力感觉有一点小收获，但我深知："问渠哪得清如许？为有源头活水来。"笔者发现南山寺建筑装饰石雕艺术仍有诸多延展内容可进行研究，如南山寺建筑装饰石雕图案的应用、南山寺建筑装饰艺术的设计思想等，倘若能管中窥豹，那么诸多的艰辛和努力还是有益的。